Sven Theel

Kommissionierung im 21. Jahrhundert

Von Pick-by-Voice bis RFID

Diplomica Verlag GmbH

**Theel, Sven: Kommissionierung im 21. Jahrhundert: Von Pick-by-Voice bis RFID.
Hamburg, Diplomica Verlag GmbH 2015**

Buch-ISBN: 978-3-95850-886-6
PDF-eBook-ISBN: 978-3-95850-386-1
Druck/Herstellung: Diplomica® Verlag GmbH, Hamburg, 2015

Bibliografische Information der Deutschen Nationalbibliothek:
Die Deutsche Nationalbibliothek verzeichnet diese Publikation in der Deutschen
Nationalbibliografie; detaillierte bibliografische Daten sind im Internet über
http://dnb.d-nb.de abrufbar.

Das Werk einschließlich aller seiner Teile ist urheberrechtlich geschützt. Jede Verwertung außerhalb der Grenzen des Urheberrechtsgesetzes ist ohne Zustimmung des Verlages unzulässig und strafbar. Dies gilt insbesondere für Vervielfältigungen, Übersetzungen, Mikroverfilmungen und die Einspeicherung und Bearbeitung in elektronischen Systemen.

Die Wiedergabe von Gebrauchsnamen, Handelsnamen, Warenbezeichnungen usw. in diesem Werk berechtigt auch ohne besondere Kennzeichnung nicht zu der Annahme, dass solche Namen im Sinne der Warenzeichen- und Markenschutz-Gesetzgebung als frei zu betrachten wären und daher von jedermann benutzt werden dürften.

Die Informationen in diesem Werk wurden mit Sorgfalt erarbeitet. Dennoch können Fehler nicht vollständig ausgeschlossen werden und die Diplomica Verlag GmbH, die Autoren oder Übersetzer übernehmen keine juristische Verantwortung oder irgendeine Haftung für evtl. verbliebene fehlerhafte Angaben und deren Folgen.

Alle Rechte vorbehalten

© Diplomica Verlag GmbH
Hermannstal 119k, 22119 Hamburg
http://www.diplomica-verlag.de, Hamburg 2015
Printed in Germany

Inhaltsverzeichnis

Abbildungsverzeichnis 3
1 Einführung 5
2 Grundlagen und Begrifflichkeiten der Kommissionierung 7
   2.1 Kommissionierung – Definition, Ziele und Unterteilungen 7
      2.1.1 Definition der Kommissionierung 7
      2.1.2 Ziele der Kommissionierung 8
      2.1.3 Kommissionierzeit 9
      2.1.4 Subsysteme der Kommissionierung 10
         2.1.4.1 Organisation 10
         2.1.4.2 Materialfluss 10
         2.1.4.3 Daten- und Informationsfluss 11
      2.1.5 Kommissioniermethoden 11
      2.1.6 Kommissionierverfahren 13
      2.1.7 Der Entnahmeschritt bei der Kommissionierung 13
      2.1.8 Kontrolle und Fehler bei der Kommissionierung 14
      2.1.9 Anwendungsfälle 15
   2.2 Kommissioniersysteme 15
      2.2.1 Komponenten eines Kommissioniersystems 16
         2.2.1.1 Das Kommissionierlager 16
         2.2.1.2 Die Transportmittel 17
         2.2.1.3 Der Kommissionierer 17
         2.2.1.4 Der Kommissionierauftrag 17
      2.2.2 Teilsysteme eines Kommissioniersystems 17
      2.2.3 Tätigkeitsfelder eines Kommissioniersystems 18
      2.2.4 IT-Unterstützung bei Kommissioniersystemen 18
      2.2.5 Anwendungsfall 19
   2.3 Automatisierung der manuellen Kommissionierung 19
      2.3.1 Sprachgesteuerte Kommissionierung 20
      2.3.2 Pick-by-Light 21
      2.3.3 Vergleich: Pick-by-Voice – Pick-by-Light 22
   2.4 Die Radio Frequency Identification 24
      2.4.1 Technische und funktionale Grundlagen 24
      2.4.2 RFID-Standardisierung 27
3 Rationalisierungs- und Optimierungspotentiale der Kommissionierung 29
   3.1 Kommissionierbereiche mit hohem Optimierungspotential 29
      3.1.1 Der Informationsbereich als Rationalisierungsansatz 29
      3.1.2 Der Greifvorgang als Rationalisierungsansatz 30
      3.1.3 Der Bereich der Bewegung als Rationalisierungsansatz 30
   3.2 Papierlose und papierbehaftete Kommissionierung und deren Potential 31
   3.3 Planung und Kontrolle von Optimierungsmaßnahmen 32
   3.4 Ziel: Konkurrenzfähigkeit 32
4 Neuerungen in der IT-gestützten Kommissionierung 34
   4.1 RFID für die Kommissionierung 34
      4.1.1 RFID-Sensor für eine temperaturgeführte Logistikkette 34
      4.1.2 RFID-Lösung für eine automatische Auftragsprüfung 35
      4.1.3 RFID unterstützt kundenspezifische Kommissionierung 36
      4.1.4 RFID-Unterstützung zur Ortung in der Lagerlogistik 37
      4.1.5 RFID-Situation am Markt 39
   4.2 Neuerungen bei Kommissionierfahrzeugen 40
      4.2.1 Mobiler Kommissionierwagen mit LED-Unterstützung 40
      4.2.2 Automatischer Kommissionierstapler 41
      4.2.3 Hybridstapler 42
      4.2.4 Intelligente Stapler 43
      4.2.5 Sprachgeführte Kommissionierfahrzeuge 45

 4.3 Sonstige Innovationen 46
  4.3.1 Konzept für Gefahrgutkommissionierung am Beispiel Woolworth 46
  4.3.2 LED-Tableau für Picklisten 46
  4.3.3 Automatische Verdeckelung von Kommissionierbehältern 49
  4.3.4 Kombigerät für Pick-by-Voice und Scanner-Anwendung 50
  4.3.5 Scan-Technologie für große Entfernungen 51
  4.3.6 Einsatz der Vakuum-Technologie für Hebe- und Senkvorgänge bei der Kommissionierung ... 52
  4.3.7 Software unterstützt sprachgeführte Kommissionierung 54
  4.3.8 Software für optimale Stauraumausnutzung 54
  4.3.9 Festpreisangebot zur beleglosen Kommissionierung 55
  4.3.10 Lager mit Höchstautomatisierungsgrad 56
5 Optimierung und Rationalisierung von Lagern und logistischen Prozessen in Verbindung mit SAP 59
 5.1 SAP LES 59
 5.2 Umstellung zur beleglosen Kommissionierung 61
 5.3 Plug-and-Play-Lösung modernisiert Logistikabläufe 62
 5.4 Vollautomatische Kommissionierung in SAP 63
 5.5 Schrittweise Sanierung eines Lagers 66
6 Fazit 69
Literaturverzeichnis 71

Abbildungsverzeichnis

Abbildung 1: Möglicher Standort eines Kommissionierbereiches in einem Lager 8
Abbildung 2: Zeitanteile der Kommissionierung 9
Abbildung 3: Tätigkeiten des Kommissionierablaufes 10
Abbildung 4: Beschreibungsmerkmale und organisatorische Konsequenzen unterschiedlicher Kommissioniermethoden 12
Abbildung 5: Ein- und zweidimensionale Kommissionierung 14
Abbildung 6: Elemente von Kommissioniersystemen 16
Abbildung 7: Kommissionieren nach dem Prinzip Pick-by-Voice 20
Abbildung 8: Kommissionieren nach dem Prinzip Pick-by-Light 22
Abbildung 9: Vor- und Nachteile von Pick-by-Voice und Pick-by-Light 23
Abbildung 10: Zeitvergleich von Pick-by-Voice und Pick-by-Light 24
Abbildung 11: Komponenten eines RFID-Systems 25
Abbildung 12: Mobiler Kommissionierwagen mit zwölf LED-Anzeigen 41
Abbildung 13: Still MX-X im Automatikbetrieb 42
Abbildung 14: Der Jungheinrich EKX 513-515 44
Abbildung 15: LOS-Tableau mit LED-Unterstützung 47
Abbildung 16: Verdeckelungsautomat von AMI 49
Abbildung 17: Handheld kombiniert Scanner- und Sprachanwendung 50
Abbildung 18: Handheld-Scanner SR61ex mit Nah-/Fern-Area-Technologie 51
Abbildung 19: Vakuum-Schlauchheber JumboErgo 85 der Schmalz GmbH 53
Abbildung 20: Blick auf die vollautomatische Kommissionieranlage im Lager von PCI-Augsburg 64
Abbildung 21: Aufgaben des SAP TRM bei PCI-Augsburg 65

1 Einführung

Für viele Unternehmen stellt die Logistik einen zentralen und wichtigen Aufgabenbereich dar. Würde beispielsweise die Logistik eines Versandhauses große Defizite aufweisen, wäre automatisch die gesamte Unternehmenssituation beeinträchtigt. Im Bereich der Logistik spielt wiederum die Kommissionierung hinsichtlich der Reduzierung von Fehlern bei der Distribution und dem grundsätzlichen betriebswirtschaftlichen Ziel der Kostenminimierung eine entscheidende Rolle. Im Wesentlichen beschreibt sie das Zusammenstellen von Artikeln aus einem Sortiment anhand eines Auftrages. Dieser logistische Bereich bildet die Basis für alle distributiven Aufgaben und hat einen signifikanten Anteil an den logistischen Kosten innerhalb eines Unternehmens, bezogen auf die Umsatzerlöse. (vgl. Hölker 2009, S. 26, offl.) Zudem zeichnet sich die Kommissionierung durch ein besonders umfassendes Aufgabenspektrum aus und zählt daher zu den personalkostenintensivsten logistischen Tätigkeitsfeldern. (vgl. Witteborn 2007, S. 1, offl.) Oberstes Ziel ist es dabei die Kosten zu senken und die Qualität zu steigern.

Man stelle sich vor Herr Schmidt bestellt im Onlinekatalog eines Versandhauses einen Anzug in Größe 46, sechs Pakete Golfbälle, einen Staubsauger und eine Glasvase. Zudem hat er sich für eine Express-Lieferung mit einer minimalen Lieferzeit entschieden. Trifft die Bestellung im System des Versandhauses ein, so muss aus dem Kundenauftrag zunächst ein Kommissionierauftrag generiert an einen Kommissionierer übermittelt werden. Der Kommissionierer Müller erhält diesen Auftrag in Form einer Papierliste und macht sich auf den Weg zum entsprechenden Regal, um diesen zu bearbeiten. Durch einen Fehler bei der Generierung des Kommissionierauftrags ist jedoch die Position des Staubsaugers nicht mit aufgeführt. Da Herr Müller bereits seit sieben Stunden arbeitet, lässt seine Konzentration nach und als er beim Regal mit den Anzügen eintrifft, greift er fälschlicherweise nach einem Anzug in Größe 48 anstatt 46 und legt ihn in den Auftragsbehälter für die Sendung von Herrn Schmidt. Beim Fach mit den Golfbällen entnimmt er überdies nicht die georderten sechs Pakete, sondern lediglich fünf, hakt die entsprechende Position auf der Liste ab und begibt sich auf die Suche nach dem Regal mit den Vasen. Dort angekommen entnimmt er die korrekte Vase und stellt diese zu den anderen Positionen in den Behälter und hakt die Position wiederum ab. Dabei merkt er, dass er die Entnahme des Anzuges nicht quittiert hat und muss sich nochmals vergewissern, ob sich dieser tatsächlich schon im Behälter befindet. Den fertig kommissionierten Behälter übergibt er nun der Packerei. Diese arbeitet bereits unter Volllast und bemerkt dabei nicht, dass die Sendung für Herrn Müller per Express-Lieferung weitergegeben werden muss. Aufgrund unsorgfältiger Verpackung geht die Vase zudem auf dem Lieferweg zu Bruch. Herr Schmidt erhält also eine verspätete und auf Grund des fehlenden Staubsaugers unvollständige Sendung, welche überdies den Anzug in einer falschen Größe, ein Paket Golfbälle zu wenig und eine zerbrochene Vase enthält. Dieses drastische Beispiel zeigt, wie viel bei der Kommissionierung passieren kann und welche Risiken bestehen. Weiterhin macht es deutlich, wie wichtig es ist Optimierungsstrategien und Rationalisierungsmöglichkeiten sowie innovative Lösungsansätze zur Verbesserung der intralogistischen Kommissionierprozesse zu finden und dahingehend zu forschen und zu entwickeln, um die Gefahr möglicher Fehler auf ein Minimum zu reduzieren.

Das Ziel dieser Studie ist es solche Neuerungen vorzustellen und dem Leser einen Überblick über den derzeitigen Forschungsfortschritt zu geben. Im Zuge der fortschreitenden Verbreitung der Informationstechnologie spielt die IT-Unterstützung bei den hier vorgestellten innovativen Lösungen eine wesentliche Rolle. Ohne diese wären moderne Optimierungsansätze kaum, oder gar nicht realisierbar. Am Ende dieser Studie soll der Leser anhand der vorgestellten Lösungen die Vielfältigkeit innovativer Rationalisierungsmöglichkeiten erkennen und ein Verständnis über die Dringlichkeit von der Verwendung der Informationstechnologie in diesen Bereichen erlangen.

Zu Beginn werden dem Leser hierfür in Kapitel 2 die wichtigsten Komponenten und Begrifflichkeiten zu dieser Thematik näher gebracht. Dabei werden, neben der Kommissionierung als solcher, sowohl Kommissioniersysteme und die beleglosen Kommissioniertechnologien Pick-by-Voice und Pick-by-Light aufgegriffen. Anschließend wird der für neuere Ansätze relevante Bereich der Radio Frequency Identification Technologie aufgegriffen. Das Kapitel 3 erörtert daraufhin das allgemeine Potential für Neuerungen in der Kommissionierung. Hierfür werden die verschiedenen Bereiche der Kommissionierung mit einem hohen Optimierungspotential beschrieben, bevor die Planung und Kontrolle von angestrebten Optimierungsmaßnahmen betrachtet wird. Letztlich werden überdies die bei solchen Maßnahmen angestrebten Ziele erörtert.

Im Kapitel 4 stehen die verschiedenen Neuerungen der Kommissionierung im Fokus, wobei eine Unterteilung in drei Abschnitte vorgenommen wird. Die ersten beiden Abschnitte befassen sich dabei mit der Radio Frequency Identification Technologie und den Kommissionierfahrzeugen, wobei jeweils unterschiedliche Innovationen der Bereiche vorgestellt werden. Im dritten Abschnitt des Kapitels werden diverse Innovationen der Kommissionierung vorgestellt, wie beispielsweise Software-Produkte, die spezielle Aufgaben und Arbeitsschritte erleichtern sollen.

Da Lager verstärkt nicht nur in bestimmten Bereichen, sondern auch vollständig erneuert und optimiert werden, und in diesem Zusammenhang vermehrt SAP als steuernde oder unterstützende Software herangezogen wird, beschäftigt sich Kapitel 5 genau mit diesem Sachverhalt. Hierfür wird zunächst das entscheidende SAP Modul LES vorgestellt, bevor verschiedene Praxisbeispiele präsentiert werden. Unter anderem werden eine mit SAP realisierte vollautomatische Kommissionierung und eine stufenweise Modernisierung eines Lagers behandelt.

Abgeschlossen wird die Studie mit einem Fazit, in welchem die Ergebnisse noch einmal zusammengefasst werden.

2 Grundlagen und Begrifflichkeiten der Kommissionierung

Um das zum vollständigen Verständnis dieser Studie erforderliche Hintergrundwissen zu gewährleisten, werden in diesem Kapitel die grundlegenden Begrifflichkeiten erläutert. Hierbei wird zunächst der betriebswirtschaftliche Bereich der Kommissionierung beschrieben, damit die verschiedenen Bereiche und Varianten der Kommissionierung ersichtlich werden und man die Neuerungsansätze einordnen kann. Anschließend wird auf die Kommissioniersysteme und die Prinzipien der Kommissioniertechniken Pick-by-Voice und Pick-by-Light näher eingegangen. Weiterhin wird die Radio Frequency Identification Technologie (RFID) aufgegriffen und dargestellt, welche im Rahmen des informationstechnischen Fortschrittes eine wesentliche Rolle spielt.

2.1 Kommissionierung – Definition, Ziele und Unterteilungen

In den nachfolgenden Abschnitten wird der lagerlogistische Aufgabenbereich der Kommissionierung vorgestellt. Hierfür wird zu Beginn eine Definition gegeben. Anschließend werden unter anderem Ziele, Subsysteme sowie Methoden und Verfahren der Kommissionierung erörtert, bevor zuletzt noch Fehler dieses Bereiches und ein Anwendungsbeispiel aufgegriffen werden.

2.1.1 Definition der Kommissionierung

Die Kommissionierung lässt sich als eine Teildisziplin in die betrieblichen Lagerlogistik einordnen, wobei es im Allgemeinen darum geht, eine kundenspezifische Lieferung aus dem Sortiment eines Lagers zusammenzustellen. Daraus lässt sich folgende Definition für die Kommissionierung bestimmen: „Die Kommissionierung beschreibt das Zusammenstellen bestimmter Teilmengen (Artikel) aus einer bereitgestellten Gesamtmenge (Sortiment), aufgrund von Bedarfsinformationen (Aufträge), bei der eine Umformung eines lagerspezifischen in einen verbrauchsspezifischen Zustand stattfindet." (vgl. Schulte 2001, S. 284, offl. oder Martin 2008, S. 388, offl.)

Die Aufgabe des Lagerpersonals besteht dabei darin, eine festgelegte Menge an Waren für mindestens einen Auftrag zusammenzustellen. (vgl. Schulte 2001, S. 284, offl.) Hierfür müssen die entsprechenden Lagerplätze aufgesucht, die zu kommissionierenden Waren entnommen und auftragsgerecht sortiert werden, um anschließend zum jeweiligen Abgabeort transportiert werden zu können, beispielsweise zur Packerei. (vgl. Schulte 2001, S. 284, offl. und Günther/Tempelmeier 2004, S. 293, offl.) Zudem wird von einer sortenreinen Lagerung zu einem sortenunreinen Auftrag übergegangen. (vgl. Martin 2008, S. 388, offl.) Zur besseren Einordnung, wo sich die Kommissionierung in die Lagerlogistik physisch wiederfindet, ist in Abbildung 1 ein Lager mit einer Zonung für die A-, B- und C-Artikel dargestellt, in welchem der Kommissionierbereich zu erkennen ist.

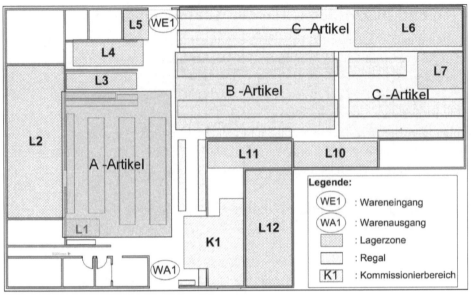

Abbildung 1: Möglicher Standort eines Kommissionierbereiches in einem Lager
(vgl. Reimer 2008, S. 67, offl.)

2.1.2 Ziele der Kommissionierung

Im Rahmen der Kommissionierung werden verschiedene Ziele verfolgt. Höchste Priorität hat dabei, neben der Kostenminimierung, die Fehlerreduzierung, das heißt, dass nach Möglichkeit immer die richtigen Artikel in der korrekten Anzahl kommissioniert werden. Sollte die Fehlerquote auf ein Minimum gesenkt werden, resultiert daraus automatisch eine erhöhte Kundenzufriedenheit, da diese keine falschen oder unvollständigen Sendungen erhalten.

Ein weiteres Ziel bildet die Beschleunigung der Kommissionierprozesse und eine somit kürzere Auftragsdurchlaufzeit. In diesem Zusammenhang wird zudem verstärkt ein erhöhter Automatisierungsgrad angestrebt, allerdings unter der Prämisse, dass sowohl die Sicherheit der Kommissionierer, als auch die der Artikel maximiert wird.

Weiterhin werden Ziele im Hinblick auf andere Unternehmen verfolgt. Zum einen muss dafür gesorgt werden dass das eigene Unternehmen gegenüber anderen konkurrenzfähig ist und auch bleibt. Auf der anderen Seite muss die Kommunikation mit Zulieferbetrieben oder sonstigen Partnerunternehmen optimiert werden, beispielsweise durch einheitliche Schnittstellen und einen schnellen Datenaustausch.

Ebenfalls ist zu beobachten, dass sich Unternehmen verstärkt ökologische Ziele setzen, wie beispielsweise ein verringerter Strom- und Treibstoffverbrauch oder ein minimierter CO_2-Ausstoß.

2.1.3 Kommissionierzeit
Die Kommissionierzeit, die es grundsätzlich zu minimieren gilt, setzt sich aus mehreren Schritten zusammen.

Zeit	Beschreibung	Beispiel	Zeitanteil
Rüstzeit	Vorbereitung des Kommissionierauftrags	Belege annehmen, Belege ordnen, Beleg bearbeiten, positionieren, Behälter annehmen, Waren abgeben, codieren, Sonstiges	5 ... 10 %
Orientierungszeit	Vorbereitung der Entnahme	Lesen, suchen, Beleg bearbeiten, positionieren, codieren, Sonstiges	20 ... 30 %
Wegzeit	Zurücklegen des Wegs zur nächsten Entnahmeposition; entsteht pro Position einmal	Gehen, fahren mit Kommissionierfahrzeug oder Lagerbediengerät	40 ... 60 %
Greifzeit	Entnahme der Ware	Artikel heraussuchen, greifen, entnehmen, Entnahme quittieren	15 ... 35 %

Abbildung 2: Zeitanteile der Kommissionierung
(vgl. Koether 2008, S. 344, offl.)

Zunächst die Rüstzeit, welche die Dauer beschreibt, die benötigt wird, um die Arbeitsbereitschaft der zur Kommissionierung benötigten Gerätschaften zu erreichen. Während der Kommissionierung müssen die Arbeitskräfte Tätigkeiten ausführen, wie das Bearbeiten des Beleges oder das Zurechtfinden am Entnahmeort, was unter die Kategorie Orientierungszeit fällt. Die Wegzeit umfasst die Dauer der Bewegung zum Artikelstandort im Lager.
Anschließend folgt die Greifzeit, um die Artikel zu Entnehmen. Totzeiten, wie beispielsweise Wartezeiten, gilt es nach Möglichkeit zu vermeiden, beziehungsweise auf ein Minimum zu reduzieren. (vgl. Pepels 2001, S. 268, offl.) Die unterschiedlichen Zeiten während der Kommissionierung sind in Abbildung 2 (siehe S. 6) mit ihrem jeweiligen Anteil an der Gesamtzeit aufgeführt. Das größte Optimierungspotential liegt dabei im Bereich der Wegzeit und der Greifzeit. So helfen beispielsweise visuelle Signale den nächsten Entnahmeplatz schneller zu finden und eine ergonomische Entnahmesituation oder eine Automatisierung des Vorgangs kann überdies die Greifzeiten verkürzen. (vgl. Koether 2008, S. 349, offl.)

2.1.4 Subsysteme der Kommissionierung

Bei der Kommissionierung kann zwischen Subsystemen unterschieden werden, nämlich der Organisation und dem Material- und Daten- beziehungsweise Informationsfluss. (vgl. Gleissner/Femerling 2007, S. 121, offl.) Folgend werden diese im Einzelnen vorgestellt, wobei Abbildung 3 als Orientierungshilfe dienen soll. In dieser ist knapp dargestellt, in welcher Form sich der Materialfluss und der Informationsfluss bei den Arbeitsschritten der Kommissionierung wiederfinden.

Materialfluss	Arbeitsablauf	Informationsfluss
Artikelbereitstellung ↓ Packmittelbereitstellung ↓ Packstückentsorgung	Identifizieren / Greifen ↓ Verpacken / Kontrolle ↓ Kennzeichnen	Pickliste ↓ Quittung / Korrektur ↓ Packstückbeleg

Abbildung 3: Tätigkeiten des Kommissionierablaufes
(vgl. Peilsteiner/Truszkiewitz 2002, S. 127, offl.)

2.1.4.1 Organisation

Im Bereich der Organisation (vgl. Gleissner/Femerling 2007, S. 121, offl.) muss zwischen der einstufigen und der mehrstufigen Kommissionierung abgewogen werden. Bei der einstufigen Kommissionierung erledigt der jeweilige Kommissionierer einen vollständigen Auftrag, während bei der mehrstufigen Variante jeweils Teilaufträge abgearbeitet werden und anschließend weitergereicht werden. Bei der mehrstufigen Kommissionierung finden also eine Aufspaltung der Kommissionieraufträge und somit auch eine Arbeitsteilung statt. Auch über eine Zonenaufteilung der Artikellagerung wird an dieser Stelle bestimmt, sodass beispielsweise Güter mit ähnlichen Eigenschaften zusammen in einer Zone gelagert werden.

2.1.4.2 Materialfluss

Der Materialfluss (vgl. Gleissner/Femerling 2007, S. 121, offl.) beschreibt verschiedene Aspekte. Hier wird zunächst über die Bereitstellung der Ware entschieden, das heißt, ob dies dynamisch oder statisch geschehen soll. Wird die Ware dynamisch bereitgestellt, werden die zu kommissionierenden Güter zum verantwortlichen Kommissionierer gebracht, man spricht dabei auch von der Methode „Ware zum Mann". Demzufolge bedeutet die statische Bereitstellung, dass sich der Kommissionierer zur Ware hinbewegt, man spricht entsprechend von „Mann zur Ware". Weiterhin muss festgelegt werden, ob die Fortbewegung bei der Kommissionierung auf einer oder mehreren Ebenen stattfinden soll und ob die Entnahme manuell oder automatisch vollzogen werden soll. Schließlich gilt es noch zu bestimmen, ob die Abgabe der kommissionierten Artikel zentral, das heißt an einem vorher festgelegten Ort, oder dezentral, also an mehreren Stationen, stattfinden soll.

2.1.4.3 Daten- und Informationsfluss

Der Bereich des Datenflusses (vgl. Gleissner/Femerling 2007, S. 121f, offl.) beschäftigt sich mit der Aufbereitung und der Übermittlung der zur Kommissionierung benötigten Informationen. Die Aufbereitung kann entweder in der Reihenfolge, in der die Aufträge eingegangen sind, durchgeführt werden oder mittels einer Einteilung in Chargen. Beim Order Picking, der Aufbereitung anhand der Auftragsreihenfolge, sollen die Aufträge synchron zum Eingang kommissioniert werden, wobei entschieden werden muss, ob dies seriell oder parallel geschehen soll. (siehe Abschnitt 2.1.5, S. 10) Während der Aufbereitung mittels Einteilung in Chargen, auch Batch Picking genannt, werden zunächst mehrere Aufträge gesammelt, um anschließend verschiedene Positionen der unterschiedlichen Aufträge zu Summenpositionen zusammenzufassen. Diese Summenpositionen werden dann auf verschiedene Bereiche aufgeteilt, um dort wieder seriell oder parallel kommissioniert zu werden. Ist dies geschehen werden die Summenpositionen wieder den ursprünglichen Aufträgen zugeführt.

Im Rahmen der Datenübermittlung wird zwischen der papierlosen und der papierbehafteten Übermittlung unterschieden. Im Zuge der fortschreitenden Automatisierung überwiegt die beleglose Kommissionierung immer mehr. Während bei der papierbehafteten Kommissionierung die Quittierung der Artikelentnahme noch durch einfaches Abhaken der entsprechenden Position auf der Pickliste geschieht, welche die zu kommissionierenden Positionen enthält, wird die Entnahme bei der papierlosen Variante durch das Drücken einer Taste oder durch das Einsprechen einer Sprachanweisung quittiert. (siehe Abschnitt 2.3, S. 19ff) Das Papier wird immer mehr durch Techniken wie Pick-by-Voice und Pick-by-Light oder das mitführen von Handhelds verdrängt, beziehungsweise überflüssig. Es werden mobile oder stationäre Terminals verwendet, an welche entweder offline, unter Verwendung von Docking-Stations, oder online, via Funk oder Infrarot, die Entnahmeinformationen gesendet werden, wodurch die Abläufe beschleunigt werden. (vgl. Hölker 2009, S. 29, offl.) Durch die beleglose Kommissionierung wird außerdem ermöglicht, die Entnahme und diesbezügliche Fehler unmittelbar zu verbuchen und zu erfassen, entsprechende Fehlermeldungen zu senden und erforderlichen Artikelnachschub rechtzeitig zu ordern. (vgl. Peilsteiner/Truszkiewitz 2002, S. 132, offl.)

2.1.5 Kommissioniermethoden

Bei der Kommissionierplanung lässt sich abwägen und differenzieren zwischen der artikelbezogenen, der lagerbereichsbezogenen und der auftragsbezogenen Kommissionierung. Bei der artikelbezogenen Kommissionierung (vgl. Günther/Tempelmeier 2004, S. 295, offl.) werden zunächst verschiedene Aufträge gesammelt und anschließend gemäß den georderten Artikeln in Gruppen eingeteilt. Dann erfolgt die Lagerentnahme jeweils für ein bestimmtes Gut, beziehungsweise für eine der gebildeten Gruppen, um anschließend die entnommenen Mengen wieder auf die einzelnen Aufträge zu verteilen. Durch das Sammeln von mehreren Aufträgen ergibt sich hierbei eine signifikante Weg-Zeit-Einsparung, weshalb sich diese Kommissionierart besonders bei einer Vielzahl von Kleinaufträgen anbietet.

Bei der lagerbereichsbezogenen Variante (vgl. Günther/Tempelmeier 2004, S. 295, offl.) wird getrennt nach den Lagerbereichen kommissioniert, wobei die einzelnen Lagerzonen ihre eigenen Lagerbediengeräte aufweisen. Verwendung findet diese Variante der Kommissionierung vor allem bei einem Sortiment mit unterschiedlichen Lagersystemen.

Die auftragsbezogene Kommissionierung (vgl. Pepels 2001, S. 268, offl.) hat als Grundlage die einzelnen Aufträge. Das bedeutet, dass die Aufträge als Basis für die Liste der zu kommissionierenden Positionen dienen. Hierbei erfolgt die Kommissionierung entweder seriell oder parallel. Bei der seriellen Variante wird Auftrag für Auftrag nacheinander abgearbeitet. Demzufolge ergibt sich jedoch die Notwendigkeit, dass dabei die Lagerorte verschiedener Artikel mehrfach aufgesucht werden müssen, um den gleichen Artikel für mehrere Aufträge zu kommissionieren. Bei der parallelen Version gilt es mehrere Aufträge, welche nach Möglichkeit Ähnlichkeiten hinsichtlich der zu kommissionierenden Güter aufweisen, sinnvoll in einem Kommissionierdurchgang zu kombinieren. An dieser Stelle zeigen sich bereits Rationalisierungsmöglichkeiten, wie beispielsweise das Finden optimaler Kombinationen von Aufträgen.

Kommissionierungsmethoden		Beschreibungsmerkmale	Organisatorische Konsequenzen
nach Aufträgen	sequentiell	ein Auftrag	-
		mehrere Aufträge	-
	parallel	ein Teilauftrag	Zusammenführen
		mehrere Teilaufträge	Zusammenführen
nach Materialart		Abgabe verschiedener Arten in einem Behälter	Suchen, Vereinzeln, Zusammenführen
		Abgabe gleicher Arten in einem Behälter	Vereinzeln, Zusammenführen
		Abgabe einer Auftragsposition in einem Behälter	Zusammenführen

Abbildung 4: Beschreibungsmerkmale und organisatorische Konsequenzen unterschiedlicher Kommissioniermethoden
(vgl. Wiendahl/Lotter 2006, S. 337, offl.)

In Abbildung 4 sind die gängigsten Kommissionierungsmethoden noch einmal mit den jeweils zu beachtenden Konsequenzen dargestellt, wobei ersichtlich wird, dass bei der artikelbezogenen Kommissionierung eine Nachbearbeitung in Form von Nachsortierungen und Zuordnungen zu den korrekten Aufträgen unausweichlich ist. Bei der auftragsorientierten Variante müssen lediglich bei der parallelen Kommissionierung die Teilaufträge zusammengeführt werden.

Zudem ergeben sich durch Kombinationen der bereits genannten Kommissionieransätze zusätzliche Varianten, wie beispielsweise das Multi-Order-Picking oder das Pick-and-Pack-System. Beim Multi-Order-Picking wird die auftragsorientierte mit der artikelorientierten Kommissionierung verbunden, wobei der Kommissionierer gleich mehrere Aufträge parallel bearbeitet, die Güter artikelorientiert entnimmt und sie auftragsorientiert in die Kommissionierbehälter abgibt. Das Pick-and-Pack-System beschreibt das direkte Kommissionieren in den Versandbehälter, das heißt die Positionen werden direkt nach der Entnahme versandfertig abgepackt. (vgl. Martin 2008, S. 391, offl.)

Wie sich die Kommissionierung eines Unternehmens, auch im Hinblick auf die Organisation und den Material- und Datenfluss, endgültig gestaltet, ist im Wesentlich abhängig vom Artikelsortiment und den Auftragsvolumina. (vgl. Gleissner/Femerling 2007, S. 122, offl.) Handelt es sich um ein gleichmäßiges Sortiment und mengenmäßig nicht zu komplexe Aufträge, so bietet sich das einstufige Order Picking an. Mit steigender Heterogenität des Artikelspektrums und komplexeren Aufträgen gewinnt das mehrstufige Order Picking oder das Batch Picking an Attraktivität.

2.1.6 Kommissionierverfahren

Grundsätzlich werden bei der Kommissionierung fünf Verfahren verwendet: (vgl. Pepels 2001, S. 268f, offl.)

- Beim Ringsammelverfahren sammeln die zuständigen Kommissionierer die Positionen eines Auftrages auf einem ringförmigen Weg ein.
- Beim Sternsammelverfahren werden Teilaufträge entweder seriell oder parallel in verschiedenen Lagerzonen unabhängig voneinander kommissioniert.
- Beim Umlaufverfahren werden Lagereinheiten von ihren Lagerplätzen zum Kommissionierplatz gebracht, wo dann die Entnahme erfolgt. Anschließend werden die Lagereinheiten wieder zurück an ihren Lagerplatz transportiert.
- Das Karussellverfahren erweitert das Umlaufverfahren dadurch, dass die Güter zusätzlich an einen festen Platz transportiert werden, an welchem sich die Kommissionierer vorbeibewegen um von dort die entsprechenden Artikel einzusammeln.
- Beim Durchlaufverfahren werden die Lagereinheiten in Durchlaufregalen eingelagert, an deren Vorderseiten die Entnahme entweder manuell oder automatisch erfolgen kann.

2.1.7 Der Entnahmeschritt bei der Kommissionierung

Hinsichtlich des ersten Kommissionierungsschrittes, der Artikelentnahme, lässt sich eine Differenzierung zwischen der eindimensionalen und der zweidimensionalen Kommissionierung vornehmen. (vgl. Pepels 2001, S. 268, offl.)

Wie in Abbildung 5 deutlich wird, findet das Greifen bei der eindimensionalen Entnahme nur entlang einer Achse entsprechend der Greifhöhe statt. Bei der zweidimensionalen Kommissionierung erfolgt der Greifvorgang hingegen über zwei Achsen, beispielsweise unter Verwendung eines hubfähigen Regalbediengerätes.

Das Quittieren der Artikelentnahme erfolgt entweder je Entnahmeeinheit, das heißt je Stück, je Entnahmeposition oder für mehrere Positionen auf einmal. Dabei hakt der Kommissionierer nach der Entnahme den entsprechenden Eintrag auf der Pickliste ab, was die manuelle Variante beschreibt, oder er gibt bei der halbautomatischen Quittierung die Entnahme in ein Terminal ein oder ein Barcode wird eingelesen, was der automatischen Version entspricht. Jede Quittierungsart birgt eine unterschiedliche Fehlerwahrscheinlichkeit, welche im Zusammenhang mit dem entstehenden Aufwand betrachtet werden muss. Wird beispielsweise jede einzelne Entnahmeeinheit quittiert erhält man zwar eine hundertprozentige Sicherheit, jedoch bedeutet dies bei steigender Positions- und Stückzahl einen wachsenden Zeitaufwand. (vgl. Hölker 2009, S. 29, offl.)

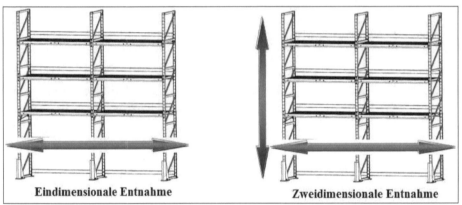

Abbildung 5: Ein- und zweidimensionale Kommissionierung
(eigene Erstellung)

2.1.8 Kontrolle und Fehler bei der Kommissionierung

Ein weiterer wichtiger Aufgabenbereich der Kommissionierung ist die anschließende Kontrolle. Grundsätzlich wird bei Kommissionierfehlern zwischen Positions- und Auftragsfehlern unterschieden. (vgl. Arauz 2008, S. 39, offl.) Hierbei gilt es zu kontrollieren, ob die richtigen Artikel in der richtigen Anzahl für den korrekten Auftrag kommissioniert wurden. Diese Kontrolle kann entweder manuell oder automatisch durchgeführt werden. (vgl. Pepels 2001, S. 268, offl.) Die manuelle Kontrolle kann sich jedoch, abhängig von der Größe des Auftragsvolumens und der Größe der einzelnen Aufträge, als sehr umfangreich und aufwändig gestalten. Deshalb bieten sich dabei auch Stichproben an oder ein Abwiegen der kommissionierten Ware, wobei die Gesamtheit der kommissionierten Güter getrennt nach Artikeln gewogen wird und anhand hinterlegter Werte über die Gewichte eines einzelnen Artikels ermittelt werden kann, wie viele Teile kommissioniert wurden. (vgl. Peilsteiner/Truszkiewitz 2002, S. 139, offl.) Bei der automatischen Kontrolle ist hingegen durch IT-Unterstützung eine permanente Kontrolle über die Gesamtheit der Aufträge gewährleistet.

Da Fehler, sowohl aus finanzieller Sicht, als auch aus Imagesicht, sehr teuer werden können, spielt das Qualitätsmanagement bei der Kommissionierung ebenfalls eine entscheidende Rolle.

Besonderes Augenmerk wird dabei auf Aspekte wie Packfehler, Verpackung und Transportschäden sowie System- und Einlagerungsfehler gelegt. (vgl. Thieme 2006, S. 220, offl.)
Bei der Kommissionierung entstehen Fehler unter anderem durch eine falsche Entnahmemenge oder durch falsch oder unvollständig entnommene Artikelmengen. Zudem werden Fehler hinsichtlich der möglichen Konsequenzen bewertet. Wird eine zu große Menge entnommen gilt dies als leichter Fehler, der nur bei größeren Differenzen behoben wird, da kleine Differenzen durch bestellten Nachschub ausgeglichen werden. Wird hingegen der falsche Artikel entnommen ist dies schon schwerwiegender, während das Vergessen eines Artikels als ernster Fehler gilt, da sich hierbei bei größeren Mengen unter anderem unnötige Lagerkosten ergeben und sich Unzufriedenheit beim Kunden einstellt. Um solche Fehler zu verhindern oder zu verringern, werden die kommissionierten Aufträge bei der Verladung kontrolliert oder es werden Motivationsmaßnahmen für die Kommissionierer ergriffen, wie etwa die Vergabe von mehr Eigenverantwortung oder das Veröffentlichen von Bestenlisten. (vgl. Müller 2008, S. 14f, offl.)

2.1.9 Anwendungsfälle
Bei der Produktionslogistik kann beispielsweise zwischen zwei Anwendungsfällen der Kommissionierung unterschieden werden: (vgl. Günther/Tempelmeier 2004, S. 293, offl.)
Den ersten Fall stellt das Zusammen- und Bereitstellen des für die Montage benötigten Materials dar. Da sich nur wenige Materialien dafür eignen direkt am Montageplatz gelagert zu werden, beispielsweise nur Kleinteile und wenig sperriges Material, sind für die Bereitstellung fest installierte Lagersysteme zur Montagematerialverfügbarkeit erforderlich. Die Kommissionierung erfolgt in diesem Anwendungsfall meist auftragsbezogen.
Das Verschicken von Enderzeugnissen bildet den zweiten Anwendungsfall, bei dem es gilt gemäß den Kundenaufträgen die Versandeinheiten aus den einzelnen Artikeln zusammenzustellen und für den Versand vorzubereiten.

2.2 Kommissioniersysteme
Zur Unterstützung der Kommissionierung und zur Gewährleistung eines problemlosen Ablaufes der Prozesse und für ein Ineinandergreifen der einzelnen Komponenten werden Kommissioniersysteme verwendet. Die Systeme bilden die Aufgaben und Abläufe der Kommissionierung ab und helfen diese zu realisieren.
Wie sich das System gestaltet ist im Wesentlichen abhängig vom Automatisierungsgrad des Kommissionierprozesses, das heißt ob beispielsweise die Entnahme noch manuell durchgeführt wird, ob die papierlose oder papierbehaftete Variante durchgeführt wird oder ob die Kommissionierung durch Kommissionierroboter oder ähnliches nahezu vollautomatisch abläuft. (vgl. Schulte 2001, S. 285f, offl.) Auch Aspekte wie Artikeleigenschaften und -spektren, Personalkosten sowie Auftragsvolumina und -strukturen, technische und räumliche Gegebenheiten und die angestrebte Organisation des Informationsflusses sind bei der Ausgestaltung ausschlaggebend. Es wird grundsätzlich individuell für die jeweiligen Ansprüche eines Lagers geplant und realisiert. Für den Grad der Automatisierung sind zudem die angestrebte Leistung und eventuelle Schwankungen in der Auslastung relevant. Sind beispielsweise signifikante saisonale Schwankungen zu er-

warten, bietet sich ein geringerer Automatisierungsgrad an, sodass gegebenenfalls noch manuell eingegriffen werden kann. Ist davon auszugehen, dass stetig hoher Durchsatz erzielt wird und die Auslastung der Einrichtungen konstant sein wird, kann ein erhöhter Grad an Automatisierung angestrebt werden. (vgl. Oelfke 2002, S. 583, offl. und Jansen/Gliesche 2008, S. 203f, offl.)

Nachfolgend werden neben den Komponenten und Teilsystemen eines Kommissioniersystems auch dessen Tätigkeitsfelder, die Verbreitung der IT-Unterstützung und abschließend ein beispielhafter Anwendungsfall erläutert.

2.2.1 Komponenten eines Kommissioniersystems

Ein Kommissioniersystem umfasst alle beteiligten Komponenten, wie den Ort der Kommissionierung, den Kommissionierer, den Kommissionierauftrag und die verwendeten Transportmittel und beschreibt deren Organisation und Zusammenwirken.

Folgend werden die entscheidenden Komponenten eines Kommissioniersystems im Einzelnen kurz vorgestellt, wobei sich an den vier organisatorischen Einheiten eines Kommissioniersystems orientiert wird, welche in Abbildung 6 dargestellt werden. Dabei handelt es sich um das Kommissionierlager, die benötigten Transportmittel, den Menschen als Kommissionierer und den Kommissionierauftrag.

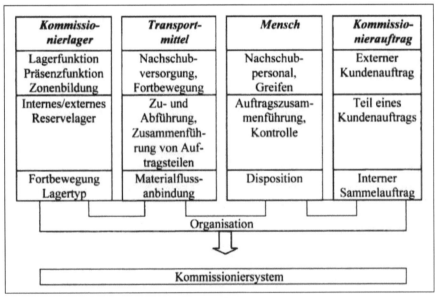

Abbildung 6: Elemente von Kommissioniersystemen
(vgl. Wannenwetsch 2003, S. 233, offl.)

2.2.1.1 Das Kommissionierlager

Das Kommissionierlager (siehe Abschnitt 2.1.1, S. 5) stellt eine Art Zwischenlager dar, das heißt die Güter werden dort in der Regel nur kurzfristig gelagert. Unter anderem wird hier über die benötigten Lagerfunktionen, eventuelle Zonenaufteilungen des Lagers und die Art der Fortbewegung im Lager entschieden. Üblicherweise werden einem Kommissionierlager zudem Reservelager vorgeschaltet. Hinsichtlich der verwendeten Lagersysteme gibt es Unterschiede zwischen der statischen und der dynamischen Bereitstellung. (siehe Abschnitt 2.1.4.2, S. 8) Bei der statischen Variante werden vor allem Blocklager und Hochregallager mit manueller Bedienung durch Gabelstapler oder ähnliches verwendet sowie Lager mit Verschiebe- oder Fachbodenregalen. Bei der dynamischen Bereitstellung kommen ebenfalls Hochregallager zum Einsatz, wobei die Entnahme hier durch automatische Regalbediengeräte erfolgt. Auch Paternoster- oder Umlaufregalanlagen finden hier Anwendung. (vgl. Holderied 2005, S. 259, offl. und Wannenwetsch 2003, S. 233, offl.)

2.2.1.2 Die Transportmittel
Die Transportmittel dienen in erster Linie der Unterstützung der Kommissionierer und sollen die für die Kommissionierung benötigte Zeit auf ein Minimum reduzieren. Mit ihnen bewegen sich die Kommissionierer im Lager fort, sowohl für die Ein- und Auslagerung, als auch für die Nachschubversorgung von Artikeln. Im Hinblick auf die Unterteilung wie sie in Abschnitt 2.1.4 (siehe S. 7ff) vorgenommen wurde, sind die Transportmittel in den Bereich des Materialflusses einzuordnen. Zu den Transportmitteln gehören beispielsweise Stapler- oder Flurförderfahrzeuge. (vgl. Wannenwetsch 2003, S. 233, offl.)

2.2.1.3 Der Kommissionierer
Der Mensch, das heißt der Kommissionierer, stellt eine zentrale Figur dar und ist verantwortlich für die Artikelentnahme und -abgabe, das auftragsspezifische Zusammenführen der entnommenen Güter und die anschließende Kontrolle. Weiterhin übernimmt er, gegebenenfalls unter Zuhilfenahme von Transportmitteln, die Aufgabe der Nachschubversorgung bei drohender Knappheit von Artikeln. (vgl. Wannenwetsch 2003, S. 233, offl.)

2.2.1.4 Der Kommissionierauftrag
Aus den eintreffenden Aufträgen gilt es entsprechende Kommissionieraufträge zu generieren. (vgl. Wannenwetsch 2003, S. 233, offl.) Dabei kann es sich sowohl um eintreffende Kundenaufträge, als auch um Aufträge seitens der Produktion handeln. Nach dem die Kommissionieraufträge generiert wurden, müssen sie an die Kommissionierer übermittelt und von diesen bearbeitet werden.

2.2.2 Teilsysteme eines Kommissioniersystems
Ähnlich der Kommissionierung (siehe Abschnitt 2.1.4, S. 7ff) lassen sich auch die Kommissioniersysteme in drei Teilsysteme unterteilen. In der Richtlinie 3590 des Vereins Deutscher Ingenieure (VDI) lässt sich diese Gliederung wiederfinden, wo zwischen dem Materialflusssystem, dem Informationssystem und dem Organisationssystem unterschieden wird. (vgl. Koether 2008, S. 343, offl.) Das Materialfluss- und das Informationssystem enthalten die wesentlichen Grundfunktionen und werden durch das Organisationssystem koordiniert. Das Organisationssystem gliedert sich wiederum in drei Subsysteme. Die Aufbauorganisation, welche unter anderem die Zonenaufteilung bestimmt, die Ablauforganisation zur Koordinierung der Artikelentnahme und -abgabe und die Betriebsorganisation, die die Auftragsverwaltung bestimmt. (vgl. Witteborn 2007, S. 3f,

offl.)

2.2.3 Tätigkeitsfelder eines Kommissioniersystems

Die Tätigkeitsfelder eines Kommissioniersystems lassen sich unterteilen in die drei Gebiete Disposition, Kontrolle/Überwachung und die physische Abwicklung. Im Rahmen der Disposition muss das Kommissioniersystem darauf achten, dass bei einer optimalen Personaleinsatzplanung die bestmögliche Auftragsreihenfolge gefunden wird, wobei das System optimal ausgelastet sein muss. Für die Kontrolle und Überwachung muss das System durch Übermittlung der Daten an die Kommissionierer die Bearbeitung der Kommissionieraufträge auslösen. Während der Bearbeitung wird der Status des Auftrages überwacht und es muss auf eventuelle Störungen reagiert werden, wenn zum Beispiel die Rückmeldung einer Entnahme an das System nicht korrekt erfolgen kann. Im dritten Aufgabenfeld, der physischen Abwicklung, kontrolliert das Kommissioniersystem regelmäßig die Bestände, löst Nachschubbestellungen aus und organisiert deren Einlagerung in das Lager. Außerdem unterstützt es die Verpackungsvorbereitung. Hierbei ist es denkbar, dass das System der Verpackungsstelle Informationen über Art und Menge des benötigten Verpackungsmaterials sendet. Auch die Übergabe der Artikel an nachgelagerte Bereiche im Unternehmen, wie etwa die Montage, wird hier unterstützt. (vgl. Wannenwetsch 2003, S. 234, offl.)

2.2.4 IT-Unterstützung bei Kommissioniersystemen

Es wird deutlich, dass durch die hohen Anforderungen an ein Kommissioniersystem, kaum auf IT-Unterstützung verzichtet werden kann. Kommissioniersysteme können daher auch als komplexe IT-gestützte Logistiksysteme betrachtet werden, welche, vor allem bei erhöhtem Automatisierungsgrad, durch einen Lagerverwaltungsrechner gesteuert werden. Dieser ermöglicht beispielsweise die automatische Umwandlung von eintreffenden Aufträgen in Kommissionieraufträge und die Übermittlung dieser Aufträge und der zur Kommissionierung benötigten Daten an die Kommissionierer. Durch entsprechende Vorrichtungen und Geräte, wie etwa einen Scanner, kann die Entnahme dann an den Rechner gemeldet werden, sodass dieser direkt Fehler erkennen oder bei korrekter Entnahme eine Entnahmebuchung durchführen kann. Ebenso kann der Kommissionierer bei drohender Artikelknappheit eines Entnahmebehälters den Ist-Bestand an den Lagerverwaltungsrechner senden, sodass dieser einen Ist-Buch-Vergleich durchführen, entsprechende Anpassungen vornehmen und gegebenenfalls eine Nachschubbestellung auslösen kann. (vgl. Schulte 2001, S. 285f, offl.)

Zur Nachverfolgbarkeit und schnelleren Zuordnung wird zu Beginn des Kommissioniervorgans der Transportbehälter mit einem Barcode versehen. Dieser wird eingescannt und im System dem Barcode der Auftragspapiere zugewiesen. Mit Hilfe einer Steuerung und den Barcode-Scannern befördert das System bei der dynamischen Bereitstellung den Behälter direkt zum korrekten Kommissionierbereich. (vgl. Mertens 2005, S. 203, offl.)

Bei der statischen Bereitstellung muss das System, sofern eine feste Lagerordnung vorherrscht, dem Kommissionierer die Lagerorte nicht zusätzlich übermitteln, im Gegensatz zu einer freien Lagerordnung. (vgl. Oelfke 2002, S. 583, offl.) Allerdings besteht die Gefahr, dass trotz einer festen Lagerordnung der Kommissionierer, auf Grund mangelnder Konzentration oder anderer Einflüsse, nicht unmittelbar den korrekten Lagerort ansteuert, sodass sich dennoch eine Unterstützung durch das System anbietet.

Ein Kommissioniersystem übernimmt somit Teilaufgaben eines ERP-System (Enterprise Resource Planning). Es bietet Unterstützungen für den Druck von Etiketten und Picklisten für die zu entnehmenden Positionen. Außerdem können die einzelnen Positionen während des gesamten Kommissioniervorgangs verfolgt werden. Überdies können Bedingungen im System implementiert werden, welche erfüllt sein müssen, damit der nächste Arbeitsschritt durchgeführt werden kann, sodass zum Beispiel die abgeschlossene Kommissionierung zunächst im System quittiert werden muss, bevor im Anschluss der Warenausgang gebucht werden kann. (vgl. Gronau 2004, S. 81f, offl.)

Für den fehlerfreien Ablauf des Kommissioniervorgangs muss ein Kommissioniersystem unter anderem alle die Artikel betreffenden Informationen beinhalten und berücksichtigen. Entscheidend hierbei sind Informationen über die verwendeten Einheiten, das Gewicht und die Handhabbarkeit von Gütern. Diese stellen vor allem zusammen mit Daten über die speziellen physikalischen Eigenschaften der Güter beim Greifvorgang und dem Transport eine wichtige Information dar. So erfordern zerbrechliche Güter beispielsweise besondere Transportvorkehrungen. (vgl. Peilsteiner/Truszkiewitz 2002, S. 126, offl.) Auch für die Kontrolle sind hinterlegte Werte von Bedeutung. Nachdem die kommissionierte Ware zum Abgabeort gebracht wird, kann ein Kommissioniersystem diese Kontrollen durchführen, wobei es prüft, ob falsche Mengen entnommen wurden. Hierfür wird die Ware zum Beispiel automatisch gewogen und mit dem hochgerechneten theoretischen Gewicht verglichen. Für diese Hochrechnung müsste dann für jeden Artikel das Gewicht im System hinterlegt sein. (vgl. Mertens 2005, S. 203, offl.)

2.2.5 Anwendungsfall

Ein Kommissioniervorgang im Rahmen der beleglosen Kommissionierung mit statischer Bereitstellung und einem unterstützenden Kommissioniersystem kann folgendermaßen ablaufen: (vgl. Wannenwetsch 2003, S. 235f, offl.)

Zunächst werden die Transportbehälter für die Kommissionierware bereitgestellt und durch visuelle Signale über den Behältern wird dem Kommissionierer angezeigt, welcher Transportbehälter als nächstes zu verwenden ist. Ebenfalls durch digitale Anzeigen am entsprechenden Regalfach werden dem Kommissionierer der nächste Entnahmeort und die zu entnehmende Menge angezeigt. Derart wird er durch den Kommissionierauftrag geleitet. Nach jeder Position bestätigt der Kommissionierer durch das Drücken einer Taste am Entnahmeort die durchgeführte Entnahme damit die nächste Anlaufstelle angezeigt werden kann. Ein optisches Signal visualisiert beispielsweise durch das Anzeigen der Ziffern „00" dass der Auftrag vollständig abgearbeitet wurde.

2.3 Automatisierung der manuellen Kommissionierung

Im Bereich der beleglosen Kommissionierung sind die beiden Prinzipien Pick-by-Voice und Pick-by-Light besonders stark verbreitet. Deshalb werden sie auch in viele Neuerungen der Intralogistik[1] integriert und es wird stetig daran gearbeitet die beiden Technologien zu verbessern und

---

[1] Intralogistik: Organisation und Koordination logistischer Material-, Waren- und Informationsflüsse innerhalb eines Betriebes. (vgl. Arnold 2006, S. 1, offl.)

zu optimieren. Folgend werden Ihnen die beiden Ansätze hinsichtlich ihrer Komponenten und ihrer Funktionsweisen zunächst jeweils vorgestellt und im Anschluss miteinander verglichen.

2.3.1 Sprachgesteuerte Kommissionierung

Bei der beleglosen Kommissionierung nach dem Pick-by-Voice-Prinzip erhält der Kommissionierer die zu bearbeitenden Aufträge in gesprochener Form vom Lagerverwaltungssystem und wird so Pick-Position für Pick-Position durch das Lager geführt. Die Entnahme wird durch den Mitarbeiter mittels Einsprechen von Sprachanweisungen quittiert.

Abbildung 7: Kommissionieren nach dem Prinzip Pick-by-Voice
(vgl. LogDic 2006, onl.)

Die typischen Bestandteile einer Pick-by-Voice-Anlage sind ein Headset mit einem mobilen Endgerät für den Kommissionierer, eine Spracherkennungssoftware, ein PC-Server und eine Pick-by-Voice-Anwendungssoftware. Das Headset, üblicherweise bestehend aus Kopfhörern und einem angeschlossenen Mikrofon, dient der Kommunikation zwischen dem System und dem Kommissionierer. Das mobile Endgerät, auch Voice-Client genannt, trägt der Kommissionierer meist an einem Gürtel. Es ermöglicht via Funk die Kommunikation mit dem System und empfängt, beziehungsweise sendet somit die Sprachanweisungen. Beim Voice-Client ist zudem zu berücksichtigen, dass es für die teilweise rauen Arbeitsumgebungen eines Lagers geeignet ist. Damit die Sprachanweisungen beim Kommissionierer ankommen bezieht der PC-Server zunächst die Kommissionierinformationen aus dem Lagerverwaltungssystem. Die Anwendungssoftware wandelt diese Informationen dann in sinnvolle Sprachanweisungen um und sendet sie an den Voice-Client des Kommissionierers. Das Empfangen von Sprachanweisungen des Kommissionierers verläuft auf die gleiche Weise, nur in entgegengesetzter Richtung, wofür dann die Spracherkennungssoftware benötigt wird. (vgl. Vahrenkamp 2007, S. 190, offl. und Cetin 2004, S. 13f, offl.)

Bevor der Kommissionierer seine Arbeit aufnimmt, muss er sich über das Headset im System anmelden. Per Sprachanweisung wird der Kommissionierer zum nächsten Entnahmeort geführt. Hierfür erhält er die nötigen Informationen, wie Regalgang und -fach und die zu entnehmende Menge des jeweiligen Artikels. Nach erfolgreicher Entnahme bestätigt der Kommissionierer diese, indem er nochmals die Informationen durchgibt, oder auch eine das Regalfach identifizierende Nummer einspricht. Die Kommunikation, also das Senden und Empfangen der Sprachanweisungen während des Kommissioniervorgangs, läuft dabei in Echtzeit ab. Sollte die Restmenge eines Regalfaches einen definierten Mindestbestand unterschreiten, hat der Kommissionierer zudem die Aufgabe die verbleibende Anzahl der Artikel im Fach zu zählen und dem System zu nennen. Somit ist zusätzlich eine regelmäßige Bestandsaufnahme gewährleistet. (vgl. Vahrenkamp 2007, S. 190, offl. und Cetin 2004, S. 13f, offl.)

Sowohl die Implementierungs- als auch die Einarbeitungszeit für eine Pick-by-Voice-Anlage ist relativ kurz. Die verwendeten Systeme sind dabei in der Regel individuell an die jeweiligen Anforderungen und Aufgabenstellungen eines Unternehmens anpassbar und können bereits nach lediglich ein bis zwei Wochen in Betrieb genommen werden. Um sich in das neue System einzuarbeiten, wird zunächst für jeden Mitarbeiter ein Aussprachemuster hinterlegt, welches unter anderem die akustische Anmeldung im System ermöglicht. Dann müssen die Kommissionierer die verschiedenen Sprachanweisungen und somit die Kommunikation mit dem System trainieren. Mit den am Markt befindlichen Systemen dauert der gesamte Einarbeitungsprozess in der Regel zwischen zwanzig Minuten und vier Stunden. (vgl. Cetin 2004, S. 13, offl.)

Bei der Einführung eines Pick-by-Voice-Systems müssen überdies noch gewissen Sicherheitsbestimmungen berücksichtigt werden. So muss sichergestellt werden, dass der Kommissionierer, während er mit seinem Headset die Kommissionieraufträge abarbeitet, immer noch herannahende Lagerfahrzeuge akustisch wahrnehmen kann und es zu keinen Unfällen kommt. Dieser Vorgabe wird durch die Verwendung von Headsets mit nur einem Kopfhörer, sodass ein Ohr stets frei ist, Genüge geleistet. Zudem wird darauf geachtet, dass es zu keiner Dauerkommunikation kommt, was bedeutet, dass zwischen den Sprachanweisungen Stille herrscht. Eine weitere Schwierigkeit bilden Störgeräusche, verursacht durch externe Einflüsse im Lager, wie etwa Motorengeräusche. Diese können die Spracherkennung der Quittierungsanweisungen des Kommissionierers erschweren. Diesbezüglich werden allerdings bereits Lösungen angeboten, wie der Software-Sprachfilter „NoiseMaster" der Topsystem Systemhaus GmbH. (siehe Abschnitt 4.3.7, S. 60f)

2.3.2 Pick-by-Light
Die beleglose Kommissionierung durch ein Pick-by-Light-System leitet den Kommissionierer mittels visueller Signale durch den Kommissionierprozess, indem an den jeweiligen Entnahmeorten angebrachte Leuchtmittel den nächsten Pickplatz andeuten.

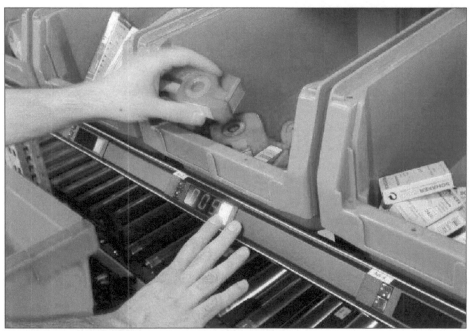

Abbildung 8: Kommissionieren nach dem Prinzip Pick-by-Light
(vgl. LogistikBilder 2007, onl.)

Die Installation einer solchen Anlage erfordert eine Pick-by-Light-Leuchteinheit an jedem in der Anlage enthaltenem Regalfach. Eine solche Leuchteinheit kann überdies mit einer digitalen Fachanzeige und diversen Tasten ausgestattet sein und ist üblicherweise an eine Aluminiumschiene des Regals montiert, in welcher die benötigten Leitungen für die Stromzufuhr und die Datenübermittlung verlaufen. Die Informationen für die Fachanzeigen und die Leuchtmittel übermittelt ein Steuerungssystem, welches den Kommissionierauftrag vom übergeordneten ERP-System erhält und dementsprechend die korrekten Pick-by-Light-Einheiten anspricht. (vgl. Cetin 2004, S. 7, offl.)

Beginnt ein Kommissionierer mit der Bearbeitung eines Auftrags, signalisieren die Leuchteinheiten durch Blinken oder permanentes Leuchten die anzulaufenden Regalfächer. Zudem wird auf der elektronischen Fachanzeige die Pickmenge visualisiert, dessen Entnahme der Kommissionierer durch Betätigen einer Taste an der Pick-by-Light-Einheit quittiert, woraufhin die Anzeigen des Regalfaches erlöschen. Überdies hat der Kommissionierer die Möglichkeit durch weitere Tasten eine Mengenkorrektur der im Fach befindlichen Artikel durchzuführen, wodurch er zusätzlich eine Inventuraufgabe übernimmt. (vgl. Wannenwetsch 2003, S. 236, offl.)

2.3.3 Vergleich: Pick-by-Voice – Pick-by-Light

Stellt man einen Vergleich an zwischen der sprachgeführten Kommissioniervariante Pick-by-Voice und der Kommissionierung mittels Leuchtmittelunterstützung Pick-by-Light, so weisen beide sowohl Vor-, als auch Nachteil auf. (siehe Abbildung 9) Ein wesentlicher Vorteil von Pick-by-Light liegt darin, dass das Arbeiten nahezu keinerlei Schulungsaufwand erfordert, da das Prinzip instinktiv verständlich ist. Dem gegenüber steht der Nachteil der Artikelgebundenheit des

Pick-by-Light-Ansatzes. Sobald mehrere Kommissionierer an einem Pick-by-Light-Regal arbeiten, ist es nicht möglich das Aufleuchten eines Regalfaches einem Kommissionierer eindeutig zuzuordnen. Aus diesem Grund werden Pick-by-Light-Anlagen meist in Regalen eingesetzt, wo jedem Kommissionierer ein eigener Kommissionierbereich zugeordnet ist, sodass es zu keinen Fehlern kommen kann. (vgl. Cetin 2004, S. 9f, offl.) Ebenfalls ist es denkbar, Leuchteinheiten mit unterschiedlichen Farben zu verwenden, sodass beispielsweise dem Kommissionierer A nur die Farbe Rot und dem Kommissionierer B nur die Farbe Grün zugeordnet wird. Allerdings kann es hierbei auf Grund mangelnder Konzentration dennoch zu Fehlern kommen. Überdies ist eine Orientierung bezüglich der Anlaufstationen auf Grund des zwingenden Sichtkontaktes zu den Leuchteinheiten, anders als bei Pick-by-Voice, nur gangweise möglich.

Verfahren	**Pickleistung**	**Fehlerrate**	**Vor-/Nachteile**
Pick-by-Voice	bis 200%	0,08%	+ Geringe Einarbeitungszeit + Geringe Implementierungszeit + Hohe Konzentration durch Sprache - Eingeschränkte Kommunikation - Kosten: Leitsystem 10-20T€ + 5-10T€/MA
Pick-by-Light	bis 300%	< 0,40%	+ Geringe Einarbeitungszeit - Orientierung nur gangweise möglich - Anzahl von Kommissionierern pro Gang begrenzt - Kosten: Leitsystem 10-20T€ + 100€/Fach

Abbildung 9: Vor- und Nachteile von Pick-by-Voice und Pick-by-Light
(vgl. Spee 2005, offl.)

Bei der Kommissionierung nach dem Prinzip Pick-by-Voice sind die geringe Einarbeitungs- und Implementierungszeit als Vorteil zu nennen. Im Vergleich zu Pick-by-Light nimmt vor allem die Implementierung weniger Zeit in Anspruch, da lediglich die unterstützende Software installiert werden muss und die Kommissionierer mit Headsets ausgestattet werden müssen. Pick-by-Light erfordert die Installation der Leuchtmitteleinheiten an den verschiedenen Regalfächern, welche anschließend noch mit der Leuchteinheitensteuerung verbunden werden müssen. Die Einarbeitungszeit bei der sprachgeführten Variante ist zwar auch gering, nimmt jedoch mehr Zeit in Anspruch als bei Pick-by-Light. Während die Kommissionierer dabei intuitiv arbeiten können, müssen sie bei Pick-by-Voice die Sprachbefehle einstudieren um die Kommunikation mit dem System zu trainieren. Hinsichtlich der Kommunikation mit dem System besteht bei Pick-by-Voice zwar eine permanente Verbindung, allerdings handelt es sich dabei nur um eine eingeschränkte Kommunikation, da der Kommissionierer nur über bestimmte Sprachbefehle mit dem System kommunizieren kann.

Betrachtet man die Pickleistung, so kann diese bei dem sprachgeführten Verfahren auf bis zu 200 Prozent erhöht werden, bei Pick-by-Light sogar auf bis zu 300 Prozent. Bei Pick-by-Voice ergibt sich dabei allerdings eine geringere Fehlerrate als bei der anderen Variante der beleglosen Kommissionierung.

Betrachtet man den Zeitbedarfes der beiden Verfahren für einen Entnahmevorgang ist in Abbildung 10 zu erkennen, dass bei Pick-by-Voice zwar mehr Arbeitsschritte erforderlich sind, in Summe jedoch weniger Zeit benötigt wird, als bei der Variante Pick-by-Light.

Verfahren	Vorgang	Zeitbedarf (sec)
Pick-by-Voice	Lagerplatzansage durch System	1
	Wegzeit zum Lagerplatz	10
	Kontrollziffer des Artikels vorlesen	2
	Mengenansage durch System	2
	Entnahme und Ablage der Ware	10
	Kontrollziffer des Auftragsbehälters vorlesen	2
	Summe	**27**
Pick-by-Light	Lagerplatz identifizieren	2
	Wegzeit zum Lagerplatz	8
	Entnahme und Ablage der Ware	10
	Entnahmequittierung	1
	Kontrolle vor dem Packen	10
	Summe	**31**

Abbildung 10: Zeitvergleich von Pick-by-Voice und Pick-by-Light
(vgl. Spee 2005, offl.)

2.4 Die Radio Frequency Identification

RFID oder **R**adio **F**requency **Id**entification bezeichnet eine Technologie, welche eine Menge sinnvoller und nützlicher Funktionen bietet, die im Rahmen der Kommissionierung ein hohes Einsatzpotential bieten. Folgend werden zunächst die technischen und funktionalen Grundlagen dieser Technologie erläutert, bevor anschließend auf die RFID-Standardisierung durch den „EPC Gen 2" eingegangen wird.

2.4.1 Technische und funktionale Grundlagen

Bei RFID-Medien handelt es sich um Funketiketten. Mit dieser Technologie wird es ermöglicht Artikel ohne direkten Kontakt zu identifizieren und von ihnen Daten, ebenfalls kabellos, zu übertragen. (vgl. Hansen/Gillert 2006, S. IV, offl.) Die Informationen werden mittels Radiowellen von einem RFID-Lesegerät erfasst und können anschließend visualisiert und automatisch an ein übergeordnetes Informationssystem gesendet werden, wo mit ihnen weiter gearbeitet werden kann. (vgl. Hansen/Gillert 2006, S. 1, offl.)

Bereits in den vierziger Jahren wurde das Prinzip der RFID-Technologie erstmals angewendet. Im zweiten Weltkrieg wurde es beispielsweise genutzt um im Flugverkehr feindliche von verbündeten Fliegern zu unterscheiden. Damals hatten die verwendeten Transponder noch die Größe eines Koffers, während sie heute die Größe eines Streichholzes erreichen. Nachdem die Technik in den sechziger Jahren zur Diebstahlsicherung in Kaufhäusern gedient hatte wurde sie in den siebziger Jahren dazu verwendet, um im Bereich der Landwirtschaft Tiere zu Kennzeichnen. Im Zeitraum von 1980 und 2000 wurden die ersten RFID-Systeme in Form von Maut-Systemen im-

plementiert, bevor die Technologie im betriebswirtschaftlichen Bereich, zur Unterstützung diverser Geschäftsprozesse, Einzug hielt. (vgl. Hahndorf 2009, S. 12, offl.)
Der VDI Richtlinie 4416 zufolge setzt sich ein RFID-System aus drei Komponenten zusammen, welche in Abbildung 11 (siehe Abbildung 11, S. 26) zu erkennen sind. (vgl. Franke/Dangelmaier 2006, S. 17, offl.)
Der Transponder stellt einen Datenträger dar und kennzeichnet durch die gespeicherten identifizierenden Daten den Artikel, an welchem er, beispielsweise durch Klebeetiketten, befestigt wird. Die verwendeten Transponder werden auch Tags genannt. Sie setzen sich zusammen aus einem Chip und einem Prozessor, einer Antenne zur Gewährleistung des Funkverkehrs und einem Speicher. Dieser Speicher soll die identifizierende Merkmale und Informationen über den Artikel wie etwa den Herkunftsort und die Artikelnummer dauerhaft sichern. (vgl. Franke/Dangelmaier 2006, S. 17f, offl. und Hahndorf 2009, S. 15, offl.)

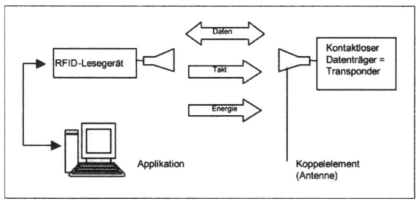

Abbildung 11: Komponenten eines RFID-Systems
(vgl. Franke/Dangelmaier 2006, S. 17, offl.)

Die zweite Komponente ist die Sende- und Empfangseinrichtung. Dabei handelt es sich um die Antenne des RFID-Lese- und Schreibgerätes, oder kurz des RFID-Readers. Sie dient der Umwandlung der übertragenen Daten, damit diese an die dritte Komponente, die Auswerteeinheit, weitergegeben und von dieser verarbeitet werden können. (vgl. Franke/Dangelmaier 2006, S. 18, offl.)
Die Auswerteeinheit ist wie die Sende- und Empfangseinrichtung Teil des RFID-Readers und kontrolliert die empfangenen Daten. Sie bildet die Schnittstelle zwischen dem RFID-System und einem weiteren Informationssystem zur Datenverarbeitung, an welches die überprüften Daten weitergeleitet werden. Die Auswerteeinheit kann die Daten allerdings nach der Kontrolle auch direkt an angeschlossene Monitore übermitteln um sie dort in Applikationen zu visualisieren. (vgl. Franke/Dangelmaier 2006, S. 18, offl.)
Bei den Transpondern wird zusätzlich unterschieden zwischen solchen die aktiv, semiaktiv, semipassiv und passiv sind.
Aktive Tags haben eine integrierte Energieversorgung in Form einer Batterie. Sofern sich ein Tag nicht innerhalb der Reichweite eines RFID-Readers befindet, wird automatisch in den Energie-

sparmodus geschaltet. In dem Moment wo der Tag in Reichweite eines Readers kommt, empfängt er von diesem ein Signal, wodurch er aktiviert wird und mit dem Reader kommunizieren kann. Vor einer Datenübermittlung lädt sich die Batterie durch das Energiefeld des Readers auf und wird während der Kommunikation weiter versorgt. (vgl. Franke/Dangelmaier 2006, S. 26, offl.)

Die semiaktiven und -passiven Tags verfügen zwar ebenfalls über eine Batterie, jedoch wird diese nur zur Versorgung des integrierten Speichermediums genutzt. Die für die Datenübermittlung benötigte Energie wird vom Feld des RFID-Readers bezogen. (vgl. Franke/Dangelmaier 2006, S. 26, offl.)

Die passiven Tags besitzen keine Batterie und sind gänzlich auf externe Energiezufuhr seitens des Readers angewiesen. Ähnlich wie die aktiven Tags werden sie aktiv, wenn sie in Reichweite eines Readers gelangen, allerdings schalten sie sich außerhalb dieser Reichweite nicht in einen Stand-By-Modus, sondern komplett ab. Aufgrund dessen erfordern die passiven Tags Speicherzellen, die gänzlich ohne permanente Energiezufuhr die gesicherten Daten dauerhaft speichern. Die passiven Tags stellen zudem die preisgünstigste Variante dar. Sie beanspruchen am wenigsten Platz und sind nicht temperaturempfindlich, da sie ohne integrierte Batterie arbeiten. (vgl. Franke/Dangelmaier 2006, S. 26f, offl.)

Es gibt bereits eine Vielzahl verschiedener RFID-Systeme am Markt, welche sich im Wesentlichen hinsichtlich der Energieversorgung, der Speicherkapazität, dem Frequenzbereich und der Reichweite unterscheiden. Auch Kriterien wie Kosten, die Abstände und die Geschwindigkeiten der Lesevorgänge, die Temperatur im Betriebs- und Stand-By-Zustand und die Empfindlichkeit durch äußere Einwirkungen wie Stöße oder Störsignale und Strahlungen werden berücksichtigt. (vgl. Franke/Dangelmaier 2006, S. 19, offl.)

Grundsätzlich muss ein RFID-System jedoch eine Mindestmenge an Funktionen bereitstellen. Hierunter fällt die Identifizierung und das selektive Ansprechen aller sich in Reichweite befindlicher Transponder im Lager, das Auslesen der auf den Transpondern gesicherten Daten sowie eine Fehlererkennung. (vgl. Westphal 2007, S. 5, offl.)

Oft wird die RFID-Technologie als Weiterentwicklung des Barcode-Systems angesehen. Tatsächlich stellt RFID jedoch eine völlig neuartige Technologie dar, welche einen komplexeren Umfang an Funktionen birgt. Dank der neuen Technologie lassen sich mehr Informationen speichern und durch die Möglichkeit des Anbringens zusätzlicher Sensoren an den Tags, lassen sich die Artikel überwachen und man kann Aussagen über deren Zustand treffen, wie zum Beispiel die Temperatur. (vgl. Franke/Dangelmaier 2006, S. 17, offl.)

Im direkten Vergleich zur vermeintlichen Vorgängertechnologie, dem Barcode-Systems, besticht die RFID-Technologie durch einige Vorzüge. So erfordert das Arbeiten mit Barcodes und Scannern einen direkten Sichtkontakt und die Oberflächen, auf welche die Barcodes gedruckt werden, müssen bestimmte Kriterien erfüllen. Der Code kann beispielsweise nicht oder nur schwer eingescannt werden, wenn die Oberfläche durchsichtig ist, wie bei Folie oder ähnlichen Materialien. Beides ist bei der Verwendung von RFID nicht erforderlich. Außerdem können Barcodes nachträglich nicht mehr bearbeitet werden, während sich die Tags beliebig wiederbeschreiben oder im Nachhinein ändern lassen. Der einzige Nachteil von RFID gegenüber der Barcode-Technologie liegt, zumindest derzeit noch, beim preislichen Aspekt, da vor allem die RFID Reader verhältnismäßig teuer in der Anschaffung sind. (vgl. Hahndorf 2009, S. 17f, offl.) Trotz allem ist zu gewährleisten, dass die beiden Technologien in einer Koexistenz untereinander funktionieren. Es müssen immer neue Standards entwickelt werden, damit beispielsweise größere Unternehmen zur RFID-Technologie übergehen können und trotzdem mit Zulieferfirmen und anderen Partnerunternehmen, die noch bei der Barcode-Technologie verbleiben, fehlerfrei zusammenarbeiten zu können und um diese nicht auszugrenzen. (vgl. Maruschzik 2007, S. 62, offl.) Hinsichtlich der RFID-Kosten lässt sich allerdings bereits ein Preisverfall feststellen. Bei einem entsprechendem Bestellvolumen sind diese bereits für einen Preis vom etwa 13 Cent pro Stück erhältlich. Die wesentlich teurere Komponente des RFID-Systems stellt der RFID-Reader dar. Hierbei liegt die Preisspanne bei circa 400 bis 2.500 Euro. Diese preisliche Spanne kommt durch die unterschiedlichen Leistungen der Reader zustande. Die Spitzenprodukte verfügen über integrierte Speicher- und Filterfunktionen für die empfangenen Daten, welche die günstigeren Varianten nicht besitzen. (vgl. Kirschner 2008, S. 12, offl.) Jedoch birgt die RFID-Technologie auch einige Risiken, welche im Wesentlichen daher rühren, dass mit Funk gearbeitet wird und die damit hergestellten Verbindungen sichtbar und somit nicht hundert prozentig sicher sind. Es besteht die Möglichkeit den Funk abzufangen oder durch entsprechende RFID-Reader ungeschützte Daten auszulesen oder die Tags gar zu kopieren oder mit falschen Informationen zu beschreiben. Weiterhin können das System und die Tags durch Störsender behindert oder zerstört werden. (vgl. Westphal 2007, S. 8, offl.)

Mithilfe der RFID-Technologie lassen sich regelmäßig Abfragen durchführen, die Auskunft über die Informationen und den Zustand der mit Transpondern versehenen Artikel geben. Überdies lässt sich das Überwachungs- und Optimierungspotential für den Materialfluss und die Lieferkette steigern. Die Verwendung von RFID-Systemen bietet sich zusammenfassend immer dann an, wenn Objekte automatisch identifiziert, kontrolliert, gekennzeichnet, registriert oder in einem Lager eingelagert, beziehungsweise bewegt werden sollen. (vgl. Westphal 2007, S. 4f, offl.)

2.4.2 RFID-Standardisierung

Eine geringe Standardisierung bildet oftmals eine Hemmschwelle für die Marktdurchdringung einer neuen Technologie. Gleiches galt für den RFID-Bereich. Damit eine flächendeckende Bestückung jeder Art von Artikeln mit Tags gewährleistet werden konnte, wurde die zweite Generation des elektronischen Produkt-Code-Standards spezifiziert, „EPC Gen 2" genannt, welcher sich sowohl mit den Datenformaten, als auch mit der Kommunikation zwischen Tags und Readern befasst. Somit können die Transponder im Ultrahochfrequenzbereich von 900MHz betrieben werden und speichern im einfachsten Fall lediglich einen elektronischen Produkt-Code. Dieser ist dank der Standardisierung international eindeutig, wodurch die mit Tags versehenen Waren weltweit zweifelsfrei identifiziert werden können. Hinsichtlich der vorherigen Entwicklungen wurde zudem eine höhere Lesegeschwindigkeit der RFID-Reader und ein exakteres Auslesen bestimmter Tags innerhalb einer Menge erreicht. So können mittlerweile mehrere hundert Tags in der Sekunde ausgelesen werden. Zudem können Transponder gleichzeitig von bis zu vier RFID-Readern ausgelesen und auch auf Flüssigkeiten eingesetzt werden. (vgl. Obrist 2009, onl. und Seemann 2007a, S. 16, offl. und Maruschzik 2007, S. 62, offl.)

Die Standardisierung der RFID-Technologie ist mit dem „EPC Gen 2" mittlerweile sehr weit vorangeschritten, wodurch es keine Hindernisse mehr für einen breiten Einsatz geben kann.

3 Rationalisierungs- und Optimierungspotentiale der Kommissionierung

Um eine Brücke zwischen den im vorigen Kapitel vorgestellten Grundlagen und den im anschließenden Kapitel erläuterten Neuerungen in der Kommissionierung zu schlagen, sollen in den folgenden Abschnitten die entscheidenden Bereiche und deren Rationalisierungs- und Optimierungspotential dieses lagerlogistischen Aufgabenfeldes deutlich gemacht werden.

Grundsätzlich ist im Bereich der Kommissionierung ein Automatisierungsgrad von 100 Prozent in den wenigsten Fällen realisierbar, da manuelle Tätigkeiten durch den Menschen oft unabdingbar sind und die Kosten zur Automatisierung verhältnismäßig hoch sein können. Genau deshalb präsentiert sich die Kommissionierung als zeit- und kostenintensiv und erfordert deshalb Rationalisierungen und Optimierungsmaßnahmen. (vgl. Günther/Tempelmeier 2004, S. 293, offl. und Wannenwetsch 2003, S. 231, offl.)

In den folgenden Abschnitten werden zu Beginn die Bereiche der Kommissionierung betrachtet, welche hinsichtlich möglicher Optimierungsmaßnahmen ein hohes Potential aufweisen. Entsprechend wird im Anschluss speziell die beleglose Kommissionierung betrachtet, bevor abschließend die Ziele, die Planung und die Kontrolle solcher Maßnahmen betrachtet werden.

3.1 Kommissionierbereiche mit hohem Optimierungspotential

Im Rahmen der Rationalisierung und Optimierung von Kommissionierabläufen werden verschiedene Ziele verfolgt. Es wird sich dabei besonders konzentriert auf die Minimierung, beziehungsweise Optimierung der Weg- und Greifzeiten sowie die Erhöhung der Kommissionierleistung und das Verhindern von Fehlern seitens des Kommissionierers, auf Grund von Müdigkeit, Ablenkung oder Unkonzentriertheit. (vgl. Holderied 2005, S. 260, offl.) Auf diese Ziele sind drei Bereiche mit dem höchsten Rationalisierungspotential ausgerichtet. Dabei handelt es sich um den Informationsbereich, das Greifen und den Aspekt der Bewegung. Die Optimierung einer der Bereiche führt beinahe zwangsläufig zu einer Verringerung der gesamten Kommissionierzeit. (vgl. Cetin 2004, S. 6, offl.) Vor allem bei der Anpassung und Synchronisation der Informations- und Materialflüsse liegt ein hohes Rationalisierungs-, Optimierungs- und Kostensenkungspotential. (vgl. Witteborn 2007, S. 2, offl.) Folgend werden diese drei Bereiche genauer betrachtet.

3.1.1 Der Informationsbereich als Rationalisierungsansatz

Der Bereich der Information nimmt einen Anteil von circa 10 bis 20 Prozent am gesamten Kommissioniervorgang ein, weshalb er sich für Optimierungsanstrengungen durchaus anbietet. Wenn die Informationen kompakt und verständlich bereitgestellt werden, können sie schneller korrekt gedeutet werden, wodurch, neben dem Aspekt der Zeiteinsparung, auch die Kommissionierleistung erhöht wird. Der Trend im Bereich intralogistischer Innovationen geht vor allem hin zur konsequenten Verwendung der Informationstechnologie, wobei Aspekte wie die Web-Technologie oder auch Ansätze der Sensorik und andere Prinzipien in Betracht gezogen werden. Dabei werden die funktionalen Möglichkeiten der verwendeten Software-Produkte stetig erweitert. Überdies zeichnen sich Projekte zur Verbesserung intralogistischer Prozesse durch das Zusammenwirken verschiedener Bereiche aus, wie beispielsweise dem Maschinenbau und der Sensor-,

Steuerungs- oder Informationstechnologie. Dank der verstärkten Einbindung der Informationstechnik, können vor allem bei Aspekten wie der Datensicherheit und der Auftragsdurchlaufzeit Verbesserungen erzielt werden. Besonders deutlich wird die Wirkung einer Optimierungsmaßnahme beim Wechsel von der papierbehafteten zur papierlosen Kommissionierung. Ein weiterer interessanter Aspekt im Informationsbereich, auf welchen immer mehr Betriebe zurückgreifen, ist die Kopplung des Lagerverwaltungssystems mit einem SAP-System oder die vollständige Abbildung der bestehenden Lagerverwaltung und -steuerung im SAP. Zu diesem Zweck bietet SAP das Modul LES an (siehe Abschnitt 5.1, S. 66ff), welches die intralogistischen Prozesse koordinieren und steuern kann. Eine komplexe Steuerung genügt allerdings noch nicht um den Informationsbedarf eines modernen Lagers zu bedienen, weshalb man oftmals auf die Sensorik zurückgreift. Durch die Verteilung einer großen Menge von Sensoren in einem Lager, können neben der Überprüfung bestimmter Zustände, wie etwa der Einhaltung eines Temperaturfensters, unter anderem auch Regalbediengeräte korrekt positioniert oder Fachtiefen und somit auch Füllbestände eines Regals gemessen werden. Die Sensoren können einem demnach sowohl binäre Informationen, als auch analoge Messwerte, wie etwa Koordinaten oder Längenangaben, liefern. (vgl. Cetin 2004, S. 6, offl. und Hahn-Woernle 2008, S. 152, offl.)

Für eine optimale Integration in den Unternehmensfluss ist bei der Implementierung entsprechender Systeme zu berücksichtigen, dass der Kommissionierung eine Lagerfunktion vorgelagert ist und eine Verbrauchsfunktion nachgelagert ist, beispielsweise durch die Montage oder den Versand. Besonderes Potential für Rationalisierungen liegt bei der Organisation und dem Ablauf des Kommissioniervorgangs und in diesem Zusammenhang bei der Integration des Informations- und Materialflusses. (vgl. Wannenwetsch 2003, S. 231, offl.)

3.1.2 Der Greifvorgang als Rationalisierungsansatz

Der Bereich des Greifvorgangs nimmt bereits etwa 20 bis 30 Prozent der Kommissionierzeit in Anspruch. Maßnahmen wie die Anpassung des Kommissionierplatzes an die Ergonomie des Menschen und die Artikeleinlagerung entsprechend der Entnahmehäufigkeit erleichtern dem Kommissionierer die Entnahme. Um die Personalkosten zu drücken und die Flexibilität in der Kommissionierung zu steigern, tritt hier auch der Aspekt der Automatisierung immer stärker in den Fokus. Durch die erhöhte Verwendung, der vorausschauenden Einsatzplanung und jederzeit möglichen Modifizierung der Einstellungen der verwendeten Automatisierungstechnik kann die Kommissionierleistung eines Unternehmens deutlich gesteigert werden. (vgl. Cetin 2004, S. 6, offl. und Hahn-Woernle 2008, S. 152, offl.)

3.1.3 Der Bereich der Bewegung als Rationalisierungsansatz

Die Bewegung umfasst als drittes Gebiet mit etwa 50 bis 70 Prozent den Großteil des Kommissioniervorgangs und ist demzufolge besonders ausschlaggebend für die Kommissionierkosten, weshalb auf sie im Hinblick auf Rationalisierungen ein besonderes Augenmerk gelegt wird. Für eine Optimierung in diesem Bereich bietet sich beispielsweise eine ABC-Analyse über das gesamte Sortiment an, anhand welcher unter anderem über Lagerorte bestimmt werden kann. Auch die fahrerlosen Transportsysteme, kurz FTS, bieten hier einen Ansatzpunkt für Optimierungsmaßnahmen. Hierbei wird sich vor allem darauf konzentriert die Über- beziehungsweise Abgabe von Artikel zu Verbessern. In erster Linie haben FTS bisher einfache sich wiederholende Aufgaben des Artikeltransportes übernommen. Durch neue Technologien und einen steigenden Automatisierungsgrad soll das Einsatzspektrum der FTS weiter ausgebaut werden, sodass in Zukunft auch kompliziertere Aufgaben übernommen werden und die Systeme selbstständiger und intelligenter arbeiten können. Hierfür werden die FTS zum Beispiel mit Vorrichtungen zum Einscannen dreidimensionaler Objekte und einem Archiv von geometrischen Figuren versehen. (vgl. Cetin 2004, S. 6 und S. 29, offl.)

3.2 Papierlose und papierbehaftete Kommissionierung und deren Potential

Sowohl die papierlose als auch die papierbehaftete Kommissionierung bieten ihre Vorteile und beide Varianten finden nach wie vor Anwendung in der Praxis. Für die Verwendung von Papier spricht zunächst die relativ simple und günstige Realisierung. Zudem kann der jeweilige Kommissionierer sich selbst und seinen Arbeitsfortschritt kontrollieren, da er nach einer Entnahme die entsprechende Position auf der Pickliste abhakt. (vgl. Hölker 2009, S. 28, offl.) Dem gegenüber steht die Kontrolle des bearbeiteten Auftrages, da sich diese bei komplexeren Aufträgen als sehr aufwendig herausstellen kann. Außerdem hat der Kommissionierer auf Grund der Pickliste nicht beide Hände frei, was die Kommissionierarbeit behindern und verlangsamen kann und vor allem bei großen Entnahmemengen stören kann. Zudem muss die Pickliste zwingend übersichtlich und verständlich gestaltet sein, damit der Kommissionierer schnellstmöglich die korrekten Artikel entnehmen kann. Jedoch muss die Pickliste nicht nur verständlich aufbereitet sein, sondern zusätzlich so aufgebaut sein, dass die aufgetragene Positionsreihenfolge auch dem optimalen Weg der Entnahme entspricht. (vgl. Hölker 2009, S. 29, offl.) Dem gegenüber steht die beleglose Kommissionierung, welche einige Vorteile birgt, weshalb sich dieser Ansatz immer mehr durchsetzt. Als größter Vorteil ist hierbei die Zeiteinsparung zu nennen. Durch die elektronische Übermittlung und Anzeigehilfen der nächsten Entnahmeposition wird Zeit eingespart und Fehler werden vermieden, beziehungsweise von der EDV-Unterstützung erkannt. (vgl. Hölker 2009, S. 29, offl.) Die Vorteile dieser Variante sind sowohl messbarer, als auch nicht messbarer Natur. Messbar ist beispielsweise die Produktivitätssteigerung, die geringeren Personalkosten, die Reduzierung von Fehlern durch die Entnahme falscher Artikelmengen oder gar falscher Artikel und der daraus resultierende niedrigere Überprüfungsaufwand. Außerdem können die geringen Bearbeitungszeiten eines Auftrages und demzufolge einer schnellere Belieferung des Kunden festgestellt werden. Nicht messbar hingegen sind die flexiblere Gestaltung des Personaleinsatzes, der erhöhte Informationsgehalt und die Verbesserungen hinsichtlich der Kostenzuordnung und -überwachung. (vgl. Wannenwetsch 2003, S. 236, offl.) Wie effektiv und ergonomisch sich das Zusammenwirken von Software und Mechanik hierbei gestalten kann, zeigt beispielsweise das High Performance Picking System von viastore systems. (siehe Abschnitt 5.5, S. 75ff) Mit diesem Konzept lässt sich, vor allem durch die verkürzte Kommissionierzeit und die daraus resultierenden geringeren Auftragsdurchlaufzeiten, die Wirtschaftlichkeit der Kommissionieranlage um etwa 40 Prozent steigern. (vgl. Hahn-Woernle 2008, S. 153, offl.) Auch am Fraunhofer Institut wird derzeit auf dem Gebiet der Hochleistungskommissionierung geforscht. Zentrale Idee dabei ist es die Kommissionierer mit Head-Up-Displays auszustatten. Die Displays befinden sich dank einer Brillenvorrichtung ständig im Blickfeld des Arbeiters und zeigen Informationen über Entnahmeort und –menge an. (vgl. Cetin 2004, S. 30, offl.)

3.3 Planung und Kontrolle von Optimierungsmaßnahmen

Um die verschiedenen Optimierungsmaßnahmen im Rahmen der Kommissionierung auch erfolgreich durchführen und anschließend betreiben zu können, werden immer öfter zu Vorbereitungszwecken eines Optimierungsprojektes sogenannte Simulationstools verwendet, welche eventuell entstehende Komplikationen oder nicht berücksichtigte Sachverhalte und Fehler aufdecken können. Somit können vor der Inbetriebnahme die notwendigen Ausbesserungen am Konzept vorgenommen werden, damit ein möglichst reibungsloser Betrieb der neuen Anlage gewährleistet werden kann. (vgl. Hahn-Woernle 2008, S. 152, offl.)

Um die Kommissionierleistung zu bestimmen und zu bewerten und um Aussagen über Nachteile oder Optimierungs- beziehungsweise Rationalisierungspotentiale treffen zu können, werden wie in fast jeder betriebswirtschaftlichen Disziplin Kennzahlen herangezogen. Diese können also sowohl zur Planung, als auch zur Bewertung der Ergebnisse entsprechender Maßnahmen verwendet werden. Bei der Kommissionierung werden hierfür beispielsweise die verschiedenen Teilschritte hinsichtlich ihrer Zeit untersucht, welche diese pro Auftrag in Anspruch nehmen. Auch die durchschnittliche Anzahl an Positionen je Kommissionierungsauftrag oder Greifeinheiten, Behälter, und Positionen pro Tag sind von Interesse. (vgl. Wannenwetsch 2003, S. 237, offl. und Holderied 2005, S. 260, offl.) Hinsichtlich des Materialflusses sind bei der Planung überdies einige Aspekte zu berücksichtigen. So sollte zunächst bei der Lagerung darauf geachtet werden, dass auf die Artikel direkt zugegriffen werden kann und deren Lagerplätze so angeordnet sind, dass sich ein möglichst kurzer Kommissionierweg ergibt. Denkbar wäre es beispielsweise hoch frequentierte Güter so zu lagern, dass sie am schnellsten zu erreichen sind. Ebenfalls macht es Sinn, Güter, die häufig zusammen in einem Auftrag geordert werden, in geringer Entfernung zueinander zu lagern oder oft angeforderte Kommissioniermengen bereits in den bevorzugten Mengen abzupacken und bereitzustellen. Außerdem sollten sich die zum Nachfüllen der Regale verwendeten Staplerfahrzeuge nicht oder nur kurzfristig in den Kommissioniergängen aufhalten, da sie sonst die Kommissionierung behindern und die Unfallwahrscheinlichkeit steigern können. Zudem ist darauf zu achten, dass die Artikelverfügbarkeit zu jeder Zeit gegeben ist, da eine Störung des Ablaufes zu Einbußen bei der Kommissionierleistung führt und der betroffene Kommissionierer durch die unbeabsichtigte Pause die Konzentration unter Umständen nicht aufrechterhalten kann und somit Fehler verursachen könnte. (vgl. Oelfke 2002, S. 583, offl. und Wiendahl/Lotter 2006, S. 338, offl.)

3.4 Ziel: Konkurrenzfähigkeit

Durch den im späteren Verlauf dieser Studie aufgegriffenen Ansatz der vollständigen Modernisierung bestehender Lagersubstanz durch aktuelle Steuerungseinheiten, Kommissionierfahrzeuge, Regalbediengeräte oder Sensorik und die Anbindung eines effektiven Lagerverwaltungssystems, können alte nicht mehr moderne Lager, wie im Beispiel des Haushaltswarenherstellers WMF (siehe Abschnitt 5.5, S. 75ff), wieder auf den derzeitigen Stand der Technik gebracht werden.

(vgl. Hahn-Woernle 2008, S. 152, offl.) Eine Variante der kompletten Modernisierungslösung stellt das Baukastenprinzip dar, nach welchem sowohl die Regalbediengeräte, als auch komplette Lager konzipiert und angeboten werden. Ein Beispiel für ein solches Lager ist das Automatiklager-System „Intralogistik light". Das System von der viastore systems GmbH ist für kleine bis mittlere Lager und Auftragsvolumina konzipiert worden. Der Kunde kann sich dabei individuell die Regaltechnik und - bediengeräte sowie das gewünschte Fördersystem aus entsprechenden Baukästen zusammenstellen. Auch ein passendes Softwarepaket mit den benötigten intralogistischen Funktionen für die Lagerverwaltung, die Materialflusssteuerung und die Visualisierung der Anlage sind im Konzept enthalten. „Intralogistik light" bietet somit auch kleinen und mittleren Unternehmen den Einstieg in die effiziente und moderne Intralogistik und zudem können die gewählten Komponenten, sowohl auf Software-, als auch auf Hardwareseite, später erweitert werden. Dies gestaltet die Investition überdies äußerst zukunftssicher. (vgl. Hahn-Woernle 2008, S. 153, offl.)

4 Neuerungen in der IT-gestützten Kommissionierung

Im diesem Kapitel werden Ihnen verschiedene Neuerungs-, Optimierungs- und Rationalisierungsmöglichkeiten für die Kommissionierung vorgestellt, wobei es sich bei einigen dieser Aspekte um tatsächlich in Unternehmen realisierte Innovationen handelt. Das Kapitel gliedert sich grundsätzlich in drei Abschnitte. Zunächst wird der RFID-Bereich aufgegriffen, wo das vielfältige Einsatzspektrum dieser Technologie erkenntlich wird. Im Anschluss daran werden Neuerungen im Hinblick auf Kommissionierfahrzeuge behandelt, die einen nicht unerheblichen Beitrag zur Optimierung des Kommissionierablaufes leisten. Der dritte Abschnitt dieses Kapitels trägt den Namen „Sonstige Innovationen". Dort werden diverse Neuerungen vorgestellt, welche sich nicht direkt in einen Bereich einordnen oder zusammenfassen lassen, da sie die verschiedensten Prinzipien und Ansätze für die unterschiedlichsten Bereiche der Kommissionierung verfolgen.

4.1 RFID für die Kommissionierung

Das hohe Potential und breite Einsatzspektrum der RFID-Technologie wird in diesem Abschnitt besonders deutlich. Die Unternehmen sind mittlerweile vermehrt auf der Suche nach allgemeinen oder speziellen RFID-Komplettlösungen, welche beispielsweise auch bei rauen Arbeitsbedingungen zuverlässig betrieben werden können. Als Motiv für den Einsatz der RFID-Technologie ist die Steigerung der Effizienz, Transparenz und Sicherheit logistischer Prozesse zu nennen. Jedoch ist zu beachten, dass, abhängig von den Abläufen die durch RFID optimiert werden sollen, auch die Kosten-Nutzen-Rechnungen für die Investitionen variieren. Besonders lukrativ stellt sich der RFID-Einsatz beispielsweise für Industriezweige, wie die Modebranche dar. Da durch die Verwendung von Readern und Tags die Transparenz steigt und so schnell erkenntlich ist, welche Mengen welches Kleidungsstückes gerade verkauft wurden oder wo sie sich im Lager befinden, kann zum optimalen Zeitpunkt Warennachschub geordert werden. Somit wird die Flächenbewirtschaftung optimiert und daher die Verfügbarkeit von Waren in den Kaufhäusern gesteigert. (vgl. Maruschzik 2007, S. 58f) Ebenso hoch ist die Nachfrage bei neuen Lösungen, wo die RFID-Technologie mit anderen Ansätzen gekoppelt wird. Die Bereiche Sensorik und Ortung spielen hierbei eine Rolle und werden unter anderem in diesem Abschnitt behandelt. (vgl. Maruschzik 2007, S. 61, offl.) Ebenfalls aufgegriffen wird der Aspekt der allgemeinen Marktpositionierung der RFID-Technologie, auch im Hinblick auf ähnliche Ansätze, wie die Infrarot-Identifikation.
Folgend werden diverse Innovationen vorgestellt, welche auf Grundlage des RFID-Gedanken entstanden sind. Dabei wurde unter anderem in den Bereichen Temperaturüberwachung, Ortung und Auftragskontrolle auf das RFID-Prinzip zurückgegriffen.

4.1.1 RFID-Sensor für eine temperaturgeführte Logistikkette

Die „DHL Innovation Initiative", eine strategische Zusammenarbeit von DHL, IBM, Intel, Philips und SAP, hat einen speziellen RFID-Tag entwickelt. Dabei handelt es sich um einen Transponder, der sich aus einem Temperatursensor und einem RDIF-Funkchip zusammensetzt. Zu Beginn kann ein Temperaturfenster festgelegt werden, in welchem dann während der gesamten Logistikkette die Temperaturen kontrolliert, archiviert und ausgelesen werden können. Dank der besonderen Konstruktion des Temperatursensors ist es möglich, ihn nicht nur im Inneren der

Verpackung zu befestigen, sondern ihn sehr nah am Produkt anzubringen. Die Vorteile, mit denen dieser neuartige Tag aufwartet, sind zunächst, dass für die Datenübermittlung kein direkter Sichtkontakt zwischen dem Tag und dem RFID-Reader erforderlich ist. Somit muss die Verpackungen nicht umständlich geöffnet werden, um die vom Sensor gemessene Temperatur erfassen zu können. Einen weiteren Vorteil bildet das gute Überwachungspotential. Je mehr Auslesepunkte installiert werden, desto engmaschiger das Kontrollnetzwerk und desto geringer das Risiko, dass beispielsweise temperatursensible Güter verderben. Sollten Kühlaggregate oder ähnliche Komponenten versagen, kann dies schnell erkannt und entsprechende Maßnahmen ergriffen werden. (vgl. DHL Innovation Initiative 2007, S. 54, offl.)

Der Einsatz dieses Sensor-Tags bietet sich überall dort an, wo die Artikel in der Logistikkette nur in einem bestimmten Temperaturbereich bewegt werden dürfen. Im Bereich der Kommissionierung eignet sich der spezielle Tag daher für sensible Güter, welche beispielsweise kühl gelagert werden und im Zeitraum der Ein- und Auslagerung einen definierten Temperaturbereich nicht verlassen dürfen. Für Unternehmen, welche leicht verderbliche oder sehr temperatursensible Güter vertreiben, beispielsweise Nahrungsmittel wie Speiseeis, ist eine solche permanente Temperaturüberwachung unabdingbar, um die Qualität ihrer Waren zu gewährleisten.

4.1.2 RFID-Lösung für eine automatische Auftragsprüfung

Der Generalunternehmer für automatische Materialflusssysteme Vanderlande Industries hat in Zusammenarbeit mit dem Auto-ID-Spezialisten PHI Data ein Distributionszentrum entwickelt. In diesem Distributionszentrum gelang es mit Hilfe der RFID-Technologie eine zu hundert Prozent fehlerfreie Auftragskommissionierung zu realisieren. Dieses Auftragsprüfsystem erfasst automatisch jeden einzelnen Artikel in den bereits fertig kommissionierten Behältern. Diese werden hierfür via Fördertechnik durch einen Kontrolltunnel geführt, welcher mit RFID-Readern ausgestattet ist. Die Reader erfassen während der Durchfahrt der Behälter die Transponder an den darin befindlichen Gütern. Wurden alle Tags erfasst, führt das System direkt einen Soll-/Ist-Vergleich durch und meldet sofort eventuelle Abweichungen, sodass diese korrigiert werden können, bevor die Ladung das Lager verlässt. Bei der Präsentation ihres Konzepts lagerten Vanderlande Industries und PHI Data ihrem Auftragsprüfsystem ein durch Software gesteuertes Zonenkommissioniersystem vor, wobei in drei getrennten Zonen mit Pick-by-Light, Pick-by-Voice und Handheldterminals kommissioniert wurde. Die Steuerungssoftware der Kommissioniertechnologien wurde mit dem Kontrollsystem der RFID-Anwendung gekoppelt, sodass die Soll-/Ist-Vergleiche generiert werden konnten. (vgl. Vanderlande 2007, S. 37, offl.)

Voraussetzung für den Betrieb dieser Kontrollanwendung ist, dass jeder kommissionierte Artikel auch mit einem Transponder versehen ist, sodass er später im RFID-Tunnel erfasst werden kann. Eine solche umfangreiche RFID-Transponder-Ausstattung zahlt sich allerdings aus, da somit gewährleistet wird, dass die Behälter, die letztendlich das Lager verlässt, die korrekte Anzahl der georderten Güter beinhalten.

Eine RFID-Anwendung, wie Vanderlande Industries und PHI Data sie vorgestellt haben, gewährleistet eine effektive Kontrolle des Kommissionierergebnisses und demnach eine fehlerfreie Auslieferung von Gütern, wodurch wiederum die Kundenzufriedenheit gesteigert wird. Die Realisierung der flächendeckenden Transponderverwendung und die Effektivität des RFID-Kontroll-Tunnels ist nicht zuletzt auf den „EPC Gen 2"-Standard zurückzuführen (siehe Abschnitt 2.4.2, S. 29).

4.1.3 RFID unterstützt kundenspezifische Kommissionierung

Die RFID-Technologie bietet für die kundenspezifische Kommissionierung umfangreiche Unterstützungsmöglichkeiten. Eine Idee dabei ist es, in einer fertig kommissionierten Sendung jeweils einen RFID-Tag zu befestigen, welcher eine numerische Information gespeichert hat, mit dessen Hilfe die kundenindividuellen Sendungen später eindeutig identifiziert werden können. Anschließend durchlaufen eine Menge fertig kommissionierter Pakete ein RFID-Tor, welches mit RFID-Readern ausgestattet ist. Im Moment des Durchlaufens erfassen die Reader die einzelnen Tags in den Sendungen damit diese im System entsprechend verbucht werden können.

Der Computerhersteller Toshiba hat sich beispielsweise in seiner Notebook-Produktion für eine solche Unterstützung zur Verbesserung der intralogistischen Prozesse entschieden. Dabei gilt es im Speziellen die kundenspezifische Kommissionierung von Notebooks zu optimieren.

Abhängig vom Kunden unterscheiden sich die georderten Laptops in ihrer Zusammenstellung. So werden beispielsweise 32 oder 64 Bit Betriebssysteme und unterschiedlich Sprachausführungen der Tastatur geordert. Die Aufträge werden den Kundenwünschen entsprechend kommissioniert und bevor die Umverpackung endgültig geschlossen wird, kommt oben als eine Art Deckel noch eine Zubehörbox für Treiber, Netzteile und ähnliches mit in die Geräteverpackung. An diesen Zubehörboxen wird jeweils der RFID-Transponder befestigt, damit die Notebook-Zusammenstellungen später identifiziert werden können. Die Position des RFID-Tags auf der Zubehörbox hat sich nach umfassenden Tests als die beste erwiesen. Fertig gepackt verlassen die Pakete dann die Produktion und werden in das Logistikzentrum transportiert, wo sie auf Paletten gelagert das RFID-Gate durchlaufen. Jeweils 36 Geräteverpackungen pro Palette passieren dieses Portal, wobei die Transponder auf den Zubehörboxen automatisch erfasst werden und somit die verschiedenen kundenindividuellen Notebooks im System verbucht werden. Anschließend stehen die Paletten zum Abtransport bereit. (vgl. Verstaen 2007a, S. 58f, offl.)

Im Vergleich zu vorher konnte der Durchsatz an Notebooks signifikant erhöht und die Kosten für einen Buchungsvorgang ebenso deutlich verringert werden. Als die Notebooks noch per Hand eingescannt wurden schafften acht Lageristen etwa 9.600 Laptops pro Tag zu verbuchen, wobei ein Buchungsvorgang etwa 25 Cent gekostet hat. Mit dem RFID-System erreichen zwei Mitarbeiter 17.300 Einheiten pro Tag und einen Preis von circa fünfzehn Cent pro Buchung. Das entspricht gemessen am Durchsatz pro Mitarbeiter einer Steigerung um mehr als das Siebenfache und bei den Buchungskosten einer Preisreduktion um 40 Prozent. Unter Volllast ist im Logistikzentrum bei Toshiba Regensburg ein Durchsatz von 30.000 Einheiten pro Tag möglich. (vgl. Verstaen 2007a, S. 58, offl.)

Im Hinblick auf die Funktionstüchtigkeit weist das System bei Toshiba eine Zuverlässigkeit von 99,97 Prozent und einer Einsparung von circa 330.000 Euro im Jahr auf. Jährlich werden dort etwa 4,5 Millionen RFID-Transponder eingesetzt. (vgl. Verstaen 2007a, S. 58f, offl.)

Wenn es sich für die logistischen Prozesse anbietet, wie es auf Grund der kundenspezifischen

Zusammenstellung von Notebooks bei Toshiba der Fall ist, kann ein solches RFID-Portal eine deutliche Kosten- und Zeiteinsparung mit sich bringen und den Durchsatz, wie in diesem Beispiel, erheblich steigern.

4.1.4 RFID-Unterstützung zur Ortung in der Lagerlogistik
Der italienische Kabelspezialist Sada Cavi hat sich dazu entschlossen, die Effizienz seiner Lagerlogistik durch RFID-Technologie zu steigern. Der Betrieb hat diverse Kabelarten im Sortiment, wie beispielsweise für Hoch- oder Niederspannungsleitungen, welche er in großen Gebinden vertreibt. Hierfür werden die vom Kunden georderten Kabellängen von der Originalrolle ab- und auf eine neue noch leere Rolle aufgewickelt, wobei Restlängen von unter 100 Metern vermieden werden sollen. Damit keine solchen unbrauchbaren Kabelrestlängen auf der Originalrolle übrig bleiben, hat Sada Cavi von jeder Kabelsorte mehrere Originalrollen auf Lager, um von diesen zu konfektionieren. Mehrere angebrochene Originalrollen des gleichen Kabels, jedoch mit unterschiedlichen Längen, sind die Konsequenz. Das manuelle Auffinden des benötigten Gebindes im Lager und das anschließende Vergleichen der Fahrauftragsidentnummer mit der Artikelnummer haben vor dem Einsatz von RFID viel Zeit in Anspruch genommen. Sada Cavi vertreibt circa 1.200 Kabelsorten, welche rund 50.000 Lagerplätzen in Block-, Regal, automatischen Hochregal- und Außenblocklagern verlangen, in welchen teilweise vier Rollenreihen mit jeweils zehn hintereinander angeordneten Gebinden, sowohl stehend als auch liegend oder auf Palette eingelagert werden. Dies verdeutlicht wie aufwändig sich die Suche nach der korrekten Originalrolle gestalten kann. Genau hier sollte die RFID-Technologie Abhilfe schaffen. (vgl. Verstaen 2007b, S. 52, offl.)

Man entschied sich für ein RFID-basiertes Warenverfolgungssystem, dessen Kernstück ein Ortungssystem mit etwa 2.000 passiven RFID-Transpondern darstellt. Diese nur streichholzgroßen Tags des „Track + Trace"-Systems der Münchner Indyon GmbH wurden an strategisch entscheidenden Stellen im Lager, wie beispielsweise Lagerplätzen, Wegkreuzungen sowie Ablade- und Übergabeorten, etwa 4cm tief in den Boden eingelassen. Die verwendeten Gabelstapler haben zum Erfassen dieser Tags an ihrer Unterseite RFID-Reader befestigt, welche vor Beschädigungen gesichert sind. Dank der im Lager verteilten Transponder und der Empfangseinheit kann die Position der Staplerfahrzeuge im Lager genau bestimmt werden. Zusätzlich verfügen die Fahrzeuge neben einer Steuerungseinheit über Höhen- und Beladesensorik. Durch die Transpondererfassung und die Sensoren können jede Bewegung der Fahrzeuge und die Standorte der von den Staplern transportierten Güter dreidimensional erfasst und in Echtzeit kabellos an die Stellplatzverwaltungskontrolle gesendet werden. Die Stellplatzverwaltung kann die Fahrzeuge zielsicher durch das Lager navigieren, jederzeit die Kabelrollen verfolgen und identifizieren und diese Informationen graphisch aufbereitet dem Lagerleiter visualisieren. Um den Staplerfahrern die zu bearbeitenden Aufträge zu übermitteln und den bestmöglichen Weg zum Entnahme- oder Abgabeort darzustellen, wurde das Führerhaus mit einem mobilen Touch-Screen-Terminal ausgerüstet, welches über WLAN mit dem Stellplatzverwaltungssystem kommuniziert. (vgl. Verstaen 2007b, S. 53, offl.)

Wie das „Track + Trace" System den Überblick über das weitläufige Lager von Sada Cavi behält, beginnend vom Wareneingang neuer Originalrollen über die Kommissionierung bis hin zur Bereitstellung für die Abholung, soll folgend verdeutlicht werden: (vgl. Verstaen 2007b, S. 53, offl.) Wenn eine neue Originalrolle im Lager eintrifft, wird diese im Rahmen der Wareneingangskontrolle mit einem Barcode versehen, der die Informationen des Lieferscheins beinhaltet. Der Staplerfahrer scannt diesen mit einem mobilen Scanner ein und übermittelt die Daten an „Track + Trace" um im Anschluss die Einlagerungsinformationen, also den Stellplatz und den besten Weg dorthin, zu erhalten. Dort angekommen lagert er die neue Rolle ein und dank der Sensorik und der Transponder kann so die genaue Position der nun eingelagerten Rolle ermittelt, dem System gesendet und dort verbucht werden. Hierfür befindet sich in jeder Lagergasse mindestens ein Transponder im Boden, dessen Überqueren zunächst Auskunft über die korrekte Einlagerungsgasse und das Regalfach gibt. Die zweite wichtige Information, die Regalebene, in welche die neue Rolle eingelagert wird, kann anhand der Höhensensorik am Stapler erfasst werden. Wo sie sich bei mehreren hintereinander eingelagerten Rollen befindet, kann mittels der einheitlichen Einlagerungsstrategie „first in – last out" abgeleitet werden, da sich die zuletzt eingelagerte Rolle somit immer an vorderster Position in der Regalfachreihe befindet. Somit sind „Track + Trace" alle relevanten Informationen bekannt und es kann die Einlagerung mit exakter Positionsangabe speichern. Trifft dann ein Kundenauftrag ein, muss dieser kommissioniert werden, das heißt es müssen Leerrollen mit den georderten Kabeln konfektioniert werden. Hierfür erhält der Staplerfahrer von „Track + Trace" den Auftrag mit den notwendigen Informationen über die Rolle der georderten Kabelsorte, den Stellplatz, den Abgabeort und wo sich die Leerrolle befindet. Nachdem der Kommissionierer zur korrekten Rolle navigiert wurde und diese an den richtigen Abgabeplatz transportiert hat, wird das gewünschte Kabelteilstück von der Originalrolle auf die neue Rolle gewickelt. Die Originalrolle wird dann zurück an ihren Stellplatz befördert und die neu konfektionierte Rolle erhält einen Barcode um anschließend in den Abholbereich transportiert zu werden. Abschließend wird die geänderte Kabellänge der Originalrolle in einem über eine Schnittstelle angeschlossenem Planungssystem für die Konfektionierung abgelegt.

Zusammenfassend stellt sich die RFID-Lösung bei Sada Cavi als eine Optimierung der Logistikkette mit diversen Vorteilen dar. Die signifikanteste Verbesserung ist bei der Dauer der Auftragsdurchlaufzeiten zu beobachten, da die Originalrollen nicht mehr aufwändig manuell im Lager gesucht werden müssen. Weiterhin kann die Verfügbarkeit an Kabeln gesteigert werden, da die Kabelbewegungen und -bestände durch die rund 2.000 Tags und der Sensorik am Stapler deutlich transparenter gestaltet wurde. So kann die Knappheit einer Kabelsorte rechtzeitig erfasst und zeitnah Nachschub angefordert werden. Ein weiterer Pluspunkt der Investition bildet die leichte Navigation durch das Lager dank der Touch-Screen-Unterstützung im Führerhaus, was es auch für neue Kommissionierer einfach macht sich zügig im weitläufigen Sada Cavi Lager zurecht zu finden. Laut Angaben des Kabelspezialisten können durch den RFID-Einsatz und bei gleicher Mitarbeiteranzahl in einer Stunde so viele Rollen bewegt werden, wie zuvor in sechs Stunden, das heißt die benötigte Zeit beträgt im Vergleich zu vorher nur noch ein Sechstel. (vgl. Verstaen 2007b, S. 53, offl.)

„Track + Trace" bietet sich daher an, um in Lagern, selbst bei unterschiedlichen verwendeten Regaltypen, die Übersicht zu behalten, die Abläufe zu beschleunigen und die Auftragsdurchlaufzeiten zu verkürzen.

4.1.5 RFID-Situation am Markt

In den vorigen Abschnitten wurde bereits aufgezeigt, wie vielseitig die Identifikationstechnologie RFID ist. Sowohl in Bereichen der Ortung und Navigation in überdachten Lagern, in welchen nicht auf Satellitentechnik zurück gegriffen werden kann, als auch im Gebiet der Sensorik und der Kontrolle der Kommissionierergebnisse bietet sich RFID an. Ermöglicht wird dies nicht zuletzt durch die immer exakter und effizienter arbeitenden RFID-Geräte, welche auch einzelne Transponder in einem Pulk ansprechen können und dessen Lesegeschwindigkeit stetig verbessert wird. Durch die weit vorangeschrittene Standardisierung (siehe Abschnitt 2.4.2, S. 29) sind zudem die Weichen für eine umfangreiche Marktdurchdringung gelegt.

Die Grundaufgabe von Identifikationstechnologien liegt in der zuverlässigen Datenerfassung und der Zuordnung dieser Daten zu den korrekten Objekten. Ein wesentlicher Unterschied zwischen herkömmlichen Identifikationstechnologien, wie beispielsweise dem Barcode-System, und neueren Ansätzen, wie RFID oder auch der Infrarot Identifikationstechnologie (IRID), liegt darin, dass bei den neueren Technologien zusätzlich Energie zwischen Lesegeräten und Informationsträgern ausgetauscht wird. Mit der IRID-Technologie existiert eine Alternative zu RFID am Markt, die ähnliche Funktionen ermöglicht. Sie arbeitet ebenfalls mit passiven Transpondern, deren gespeicherte Informationen wie bei RFID nachträglich verändert werden können. Das Beziehen der benötigten Energie für die IRID-Transponder und der Datenaustausch geschehen via Infrarot. IRID bietet gegenüber RFID sowohl Vorteile, als auch Nachteile. Die Datenübertragung kann bei IRID beispielsweise nicht durch metallene Gegenstände, Flüssigkeiten oder elektromagnetische Strahlung beeinträchtigt werden. Außerdem muss für den Betrieb eines IRID-Systems, anders als bei RFID, keine Funkzulassung beantragt werden, was die Einführungszeit des Systems verkürzt. Jedoch lassen sich diese IRID-Vorteile durch einen entscheidenden Vorzug der RFID-Technologie aufwiegen. Hiermit ist der Wegfall der Notwendigkeit des direkten Sichtkontakts für die Datenübermittlung gemeint. Somit können in Ladungen angebrachte Transponder ausgelesen werden, ohne die Sendung extra öffnen zu müssen, und wie im Fall bei Sada Cavi (siehe Abschnitt 4.1.4, S. 40ff) können die Tags sogar im Boden versenkt werden. Das Problem der Übertragungsstörung durch externe Einflüsse, wie etwa durch Strahlungen, kann zudem durch entsprechende Abschirmungen in einem gewissen Maß abgefedert werden. (vgl. Jansen/Gliesche 2008, S. 203, offl.)

Die Verbreitung der Identifikationstechnologie spiegelt sich auch im steigenden Zubehörangebot wieder, welche die Arbeit mit diesen Anwendungen erleichtern und die Flexibilität zudem erhöhen sollen. Ein Beispiel hierfür stellen sogenannte Auto-ID-Handschuhe für die Kommissionierung dar. Sie werden fest am Unterarm getragen und stellen mobile Lesegeräte für diverse Codes dar und sind auch für die RFID-Technologie geeignet. Mit teilweise intuitiven Bewegungen können so Codes und Transponder eingelesen werden und erhöhen somit die Arbeitsergonomie. (vgl. Jansen/Gliesche 2008, S. 204, offl.)

Abschließend ist festzustellen, dass mittels RFID die bestehenden betrieblichen Logistikprozesse nicht abgelöst, sondern lediglich optimiert werden, indem in Bereichen der Rückverfolgbarkeit oder der Qualitätssicherung Verbesserungen stattfinden. Dies wird ermöglicht durch die RFID-Vorteile, wie die Durchdringung von physischen Barrieren oder der Verwendung für Ortungsfunktionen. Vor allem hinsichtlich der Verhinderung von Störeinflüssen besteht jedoch Verbesserungspotential. Die RFID-Technologie kann zwar als Solutionträger auf dem logistischen Markt angesehen werden, welche sich zunehmender Beliebtheit erfreut, jedoch kann sie nach wie vor keine Monopolstellung im Bereich der Identifikationstechnologien einnehmen. (vgl. Maruschzik 2007, S. 62, offl. und Jansen/Gliesche 2008, S. 206, offl.)

4.2 Neuerungen bei Kommissionierfahrzeugen

Die Fördertechnik bildet bei der Kommissionierung eine zentrale Komponente, wobei vor allem im Bereich neuer Kommissionierfahrzeuge Neuerungsansätze entwickelt werden. Mit ihnen bewegen sich die Kommissionierer fort, fahren die einzelnen Lagerplätze an und führen gegebenenfalls auch die Entnahme mit ihnen durch. Innovationen in diesem Bereich wirken sich demnach nicht unerheblich auf die gesamte Kommissionierleistung, -qualität, -geschwindigkeit, -ergonomie und -sicherheit aus. In diesem Abschnitt werden verschiedene Innovationen aus diesem Bereich vorgestellt, sowohl komplett neue Fahrzeuge, als auch einzelne funktionale Neuerungen. Aspekte wie eine Unterstützung durch LEDs oder der Hybridantrieb spielen folgend eine Rolle.

4.2.1 Mobiler Kommissionierwagen mit LED-Unterstützung

Die Erhardt und Partner GmbH und Co. KG hat einen mobilen Kommissionierwagen entwickelt, welcher speziell beim Multi-Order-Picking (siehe Abschnitt 2.1.5, S. 10f) den benötigten Aufwand und die Kommissionierzeit reduzieren und gleichzeitig die Genauigkeit der Kommissionierung steigert. Er soll den Kommissionierer zielgenau zum korrekten Entnahmeort leiten und zugleich die anschließende Ablage der Güter in den ordnungsgemäßen Kommissionierbehälter gewährleisten. Für die fehlerfreie Ansteuerung des richtigen Lagerortes kann der Kommissionierwagen sowohl mit Pick-by-Voice, als auch mit mobilen Datenfunkterminals gekoppelt werden. Hat der Kommissionierer dann die richtige Menge eines Artikels am korrekten Entnahmeort entnommen, übernimmt der mobile Kommissionierwagen die unterstützende Arbeit. Hierfür verfügt er, je nach Ausführung, über maximal zwanzig LED-Anzeigen, wobei jeweils eine unter einem Kommissionierbehälter angebracht ist. Durch das Aufleuchten signalisieren diese den korrekten Auftragsbehälter, wie in Abbildung 12 (siehe Abbildung 12, S. 45) zu erkennen ist.

Die Verbindung mit dem am Wagen montierten LED-Steuerungscomputer wird drahtlos hergestellt, wodurch der Bewegungsfreiraum des Kommissionierers durch störende Kabel oder ähnliches nicht beeinträchtigt wird. (vgl. Erhardt+Partner 2007, S. 51, offl.)

Alles in allem stellt der mobile Kommissionierwagen der Erhardt und Partner GmbH und Co. KG eine Neuerung dar, welche die Fehlerrate der Kommissionierung senken und die Kommissionierqualität folglich steigern kann. Durch die Möglichkeit der Kombination mit den Technologien wie Pick-by-Voice und mobilen Datenfunkterminals lässt er sich außerdem in eine bestehende Infrastruktur der Kommissionierung einbetten.

Abbildung 12: Mobiler Kommissionierwagen mit zwölf LED-Anzeigen
(vgl. MECALUX 2009, onl.)

4.2.2 Automatischer Kommissionierstapler

Die Still GmbH, Anbieter für Flurförderzeuge und Dienstleistungen für Intralogistik, hat einen selbstständig agierenden Schmalgang-Kommissionierstapler auf den Markt gebracht. Bei dem Still MX-X handelt es sich um ein aufgerüstetes Standardfahrzeug, welches sowohl autark, als auch manuell eingesetzt werden kann. (vgl. Seemann 2007b, S. 38, offl.) Er bewegt sich im Lager automatisch durch Lasersteuerung oder durch in den Boden eingelassene Induktionsschleifen fort. Für die Lasersteuerung verfügt der Stapler über einen integrierten Laserscanner und erfasst damit die passiven im Lager stationär installierten Reflektoren. Bei der induktiven Führung des Staplers bewegt sich der MX-X innerhalb der Gassen mit maximal 7,5, außerhalb mit bis zu neun Stundenkilometern fort und wird durch die Induktionsschleifen im Boden sicher und automatisch in die Gassen geleitet. Hierbei wird die erfolgreiche Einfahrt mit Hilfe von Lichtschranken registriert, woraufhin die an der Front und an der Hinterseite des Staplers angebrachten Abstandssensoren aktiviert werden, welche den MX-X bei fünf Meter entfernten Hindernissen automatisch abbremsen. Dies minimiert mögliche Arbeitsunfälle und erfüllt somit entsprechende Sicherheitsrichtlinien. Neigt sich der Ladezustand der Batterien dem Ende zu, lädt der MX-X diese zudem eigenständig durch Anfahren einer Ladestation wieder auf. (vgl. STILL 2007, S. 62f, offl. und STILL 2006, S. 6f, onl.) Betreibt man ein Lager mit mehreren Gassen und verfügt nicht in jeder Gasse über einen MX-X, so ist der Stapler außerdem in der Lage selbstständig zwischen den Gassen zu wechseln (siehe Abbildung 13), wofür lediglich Umsetzgänge am Ende der Gassen benötigt werden. (vgl. Seemann 2007b, S. 38, offl.)

Abbildung 13: Still MX-X im Automatikbetrieb
(vgl. PresseBox 2007, onl.)

Interessant bei diesem Schmalgang-Kommissionierstapler ist weiterhin die modulare Bauweise. Hinsichtlich der Traglast kann dabei in 100-Kilogramm-Schritten von 500kg bis 1.500kg gewählt werden. Nach ähnlichem Prinzip kann im Hinblick auf die Hubhöhe ausgewählt werden, wobei die Skala in 0,5-Meter-Schritten bis zu 15 Metern reicht. So kann der Stapler beispielsweise bis in eine Höhe von 10,5 Meter zuverlässig 1.200kg tragen.

Gleichermaßen kann der Kunde zwischen Leistungspaketen bezüglich des Hebens und Fahrens auswählen. Der MX-X lässt sich somit individuell für jedes Lager zusammenstellen. (vgl. STILL 2006, S. 4ff, onl.)

Grundsätzlich stellt der MX-X einen Kommissionierstapler dar, welcher durch die Modul-Bauweise für unterschiedliche Lager geeignet ist und auf Grund seiner Autarkie zudem Personal frei setzen kann.

4.2.3 Hybridstapler

Ähnlich wie es in der Automobilindustrie zu verfolgen ist, wird auch im Bereich der Intralogistik und somit auch bei der Kommissionierung versucht Energie einzusparen, beziehungsweise zurückzugewinnen. Hinsichtlich einer solchen Energieersparnis und CO2-Grenzwerten hat die Still GmbH einen entsprechenden Stapler entwickelt, welcher auf die Hybridtechnologie zurückgreift. Der RX 70 Hybrid basiert auf dem Still Dieselstapler RX 70 und stellt den ersten Hybridstapler des Unternehmens dar. Gemäß dem Hybridgedanken ist der neue Stapler mit zwei Energiequellen ausgestattet. Auf der einen Seite steht der standardmäßige Dieseltank und auf der anderen Seite die am Heck angebrachten Super-Caps. Bei den Super-Caps handelt es sich um Hochleistungs-Doppelschicht Kondensatoren, welche sich dem Prinzip des Nutzbremsens bedienen und eine schnelle Stromaufnahme und -abgabe gewährleisten. Die beim Abbremsen gewonnene Energie wird beim anschließenden Beschleunigungsvorgang zügig wieder freigesetzt und erhöht somit die Leistung des RX 70 Hybrid. Weiterhin ist der Dieselmotor mit einem Drehstromgenerator gekoppelt, wodurch Strom erzeugt wird. Diese Energie wird an den elektrischen Fahrmotor des Staplers weitergeleitet. (vgl. STILL 2009, onl.)

Die Entlastung des Dieselmotors durch die gespeicherte Energie beträgt etwa 30 Prozent und der erzeugte zusätzliche Schub des Elektromotors regelt die Drehzahl des Verbrennungsmotors während des Beschleunigungsvorgangs um etwa sechs Prozent herunter, was demnach auch den CO2-Ausstoß reduziert. Der stündlich benötigte Treibstoffbedarf liegt bei lediglich 2,5 Litern. Dank der hohen Energieeinsparungen wurde der Stapler überdies mit dem Umweltpreis 2008 der „Fork Lift Truck Association" ausgezeichnet. (vgl. STILL 2009, onl.)

Auf Grund der Verwendung der Nutzbrems-Technologie bietet sich das Modell der Still GmbH besonders dann an, wenn bei der Arbeit häufig abgebremst und wieder beschleunigt werden muss, also beispielsweise in Lagern mit relativ kurzen Wegen. (vgl. STILL 2009, onl.)

4.2.4 Intelligente Stapler

Die Jungheinrich AG bietet einen Hochregalstapler an, welcher als Kombigerät funktional, sowohl für die Lagerung, als auch für die Kommissionierung, geeignet ist. Der „EKX 513-515" ist ein Elektro-Kommissionier- und Dreiseitenstapler mit einer Tragkraft von bis zu 1.500kg. Das zugrunde liegende Steuerungssystem ist modular aufgebaut, sodass der Stapler speziell auf die Bedürfnisse des Kunden zugeschnitten werden kann. Zu diesen Modulen welche vor allem die Geschwindigkeit, Sicherheit und Effizenz im Lager steigern zählen unter anderem „Bodentopologie" und „Resttragfähigkeit plus". (vgl. Seebauer 2007, S. 36, offl.)

Das Modul „Bodentopologie" reguliert durch die Kopplung mit einer RFID-Bodensteuerung und abhängig von den Bodengegebenheiten die Geschwindigkeit des Staplers. Für die RFID-Bodensteuerung sind in den Boden eingelassene RFID-Tags notwendig, welche den Stapler sicher durch das Lager steuern. Hierbei erreicht das Kombigerät eine maximale Geschwindigkeit von zwölf Stundenkilometern. Die erfassten bodentopologischen Informationen und die daraus resultierenden Geschwindigkeitsvorgaben können zudem im Fahrzeugspeicher hinterlegt werden. Von einem Masterfahrzeug, welches diese Informationen beherbergt, können die Daten problemlos via USB-Stick an weitere Kombistapler übergeben werden. (vgl. Seebauer 2007, S. 36, offl.)

Abbildung 14: Der Jungheinrich EKX 513-515
(vgl. ThomasNet 2008, onl.)

„Resttragfähigkeit plus" ist ein Modul zur Stabilisierung während der Ein- und Auslagerung. Es enthält zwei Stabilisatoren, welche automatisch ausgefahren werden, um die Stabilität des Staplers während der Lastaufnahme und -abgabe, vor allem in großen Höhen, zu steigern. (vgl. Seebauer 2007, S. 36, offl.)

Weiterhin verfügt der EKX 513-515 über einen verbrauchsarmen Drehstrom-Antriebsmotor, wodurch der Energieverbrauch im Vergleich zu seinen Vorgängermodellen nochmals gesenkt werden konnte. Außerdem gewinnt der Stapler zusätzlich Energie zurück, indem er sich den Prinzipien des Nutzbremsens und des Nutzsenkens bedient. Im Hinblick auf eine gesteigerte Energieeffizienz bieten sich diese beiden Technologien bei der Verwendung von Kommissionierstaplern an. Dabei wird beim Abbremsen des Fahrzeuges und entsprechend beim Absenken des Lastaufnahmemittels die dabei erzeugte Energie in eine Batterie zurückgespeist. Somit wird Energie zurückgewonnen, die für den anschließenden Betrieb wiederverwendet werden kann. Dies spart Energie und steigert demzufolge die Wirtschaftlichkeit. Um den Aspekt der gesteigerten Energieeffizienz weiter zu stützen, verfolgt der EKX 513-515 ein aktives Energie- und Batteriemanagement. Somit können Energiespitzen durch eine optimierte Planung der Energieflüsse abgefedert werden. Die 80-Volt-Drehstromtechnik gewährleistet eine hohe Lebensdauer und geringe Wartungskosten und ermöglicht bei hohen Drehmomenten eine kraftvolle Beschleunigen des Staplers und eine schnelle Hub- und Senkbewegung von Haupt- und Zusatzhub zur gleichen Zeit. (vgl. Seebauer 2007, S. 36, offl.)

Auch die Arbeitsplatzergonomie für den Staplerfahrer wurde gesteigert. So wurde neben dem großzügiger gestalteten Einstieg auch das Blickfeld des Fahrers auf Last und Fahrbahn verbessert. Dies und die schalterlose Zweihand-Bedienung erhöhen den Arbeitskomfort und die Sicherheit für den Mitarbeiter. (vgl. Seebauer 2007, S. 36, offl.)

Grundsätzlich bildet der Jungheinrich EKX 513-515 einen modernen Elektro-, Kommissionier- und Dreiseitenstapler, welcher dank seiner Module flexibel an die Bedürfnisse des Kunden angepasst werden kann und überdies energieeffizient arbeitet.

4.2.5 Sprachgeführte Kommissionierfahrzeuge

Dematic, Anbieter für intelligente Produkte und Lösungen für Lager, Materialfluss und Intralogistik, bietet mit dem Entwurf von „Logistics by Voice" die Möglichkeit, im Rahmen der Kommissionierung, fahrerlose Transportsysteme (FTS) sprachgeführt zu steuern. Durch die Sprachsteuerung entfallen viele nicht wertschöpfende Tätigkeiten, wie beispielsweise das Abhaken bereits gepickter Positionen von der Pickliste oder das Ein- und Aussteigen aus dem Kommissionierfahrzeug. Selbst wenn die Kommissionierer ihre Anweisungen von einem Display ablesen, bedarf es einer Bestätigung der Entnahme per Hand. Bevor zum Beispiel die Marktkauf Logistik GmbH das Konzept von Dematic eingeführt hat waren die Kommissionierer nach Angaben des Unternehmens auf Grund der vielen uneffektiven Handgriffe in einer 7,5-Stunden-Schicht nur drei Stunden mit der eigentlichen Tätigkeit des Kommissionierens beschäftigt. Bei „Logistics by Voice" erhält der Kommissionierer seine Pickanweisungen via Funk auf sein Headset übermittelt, wo er sie über die Kopfhörer angesagt bekommt und über das Mikrofon mit einem „O.K" quittiert. (siehe Abschnitt 2.3.1, S. 19ff) Somit hat der Mitarbeiter über die ganze Zeit beide Hände frei. In dem Moment wo er das „O.K" gibt begibt sich das ihm zugeordnete FTS selbstständig auf den Weg zum nächsten Entnahmeort des aktuellen Kommissionierauftrags. (vgl. Winter/Muckenschnabel 2008, S. 175, offl.)

Hat das FTS sein Aufnahmevolumen ausgereizt, beziehungsweise wenn der Auftrag vollständig abgearbeitet wurde, fährt es wiederum eigenständig zum korrekten Übergabeort im Lager. Wenn es die volle Palette abgegeben hat, nimmt das Fahrzeug automatisch eine neue Leerpalette auf und begibt sich in die nächste Lagergasse. Durch diese Autarkie des FTS steigt die Kommissionierleistung des Kommissionierers um knapp 100 Prozent. (vgl. Winter/Muckenschnabel 2008, S. 176, offl.)

Neben dem hohen Grad an Selbstständigkeit bildet die einfache und komplette Einbettung des Dematic-Systems in das bisherige IT-System des Unternehmens einen entscheidenden Vorteil, wodurch ein hoher Grad an automatisierten Prozessen erreicht werden kann. Dabei wird das bestehende Warehouse-Management-System (WMS) des Betriebes mit dem Dematic-Software-Voicemanager gekoppelt. Das WMS leitet die Kommissionieraufträge direkt an den Voicemanager weiter, welcher diese dann in Sprechtexte umwandelt, sodass sie dem Kommissionierer an sein Headset übermittelt werden können. Quittiert der Mitarbeiter die Entnahme dann per Sprachanweisung, wird diese wiederum als Datenanweisung dem WMS zugeführt. Der Voicemanager steuert somit die Kommissionierung und auch die Steuerung der FTS über den Kommissionierer, dessen „O.K.", nach Verarbeitung im Voicemanager, das FTS in Bewegung setzt.

4.3 Sonstige Innovationen
In den folgenden Abschnitten werden diverse Neuerungen der verschiedensten Bereiche in der Kommissionierung vorgestellt. Über den Umgang mit sensiblen Gütern, wie etwa Gefahrgut, bis hin zu neuartigen Geräten, welche die Kommissionierung erleichtern und verbessern sollen, werden unterschiedliche und innovative Konzepte präsentiert.

4.3.1 Konzept für Gefahrgutkommissionierung am Beispiel Woolworth
Auch im Bereich der Gefahrgutkommissionierung liegt Optimierungspotential. Hier hat das Einzelhandelsunternehmen Woolworth nach vorheriger Nichtbeachtung der im Sortiment enthaltenen Gefahrgüter die Initiative ergriffen. (vgl. Gerking 2007, S. 34, offl.) Um Zusammenladungsverbote zu etablieren, wurde zunächst eine getrennte Lagerung umgesetzt, wobei zusätzlich zwischen den verschiedenen Gefahrgutartikeln unterschieden wurde. Nachdem dies realisiert wurde, galt es dies im Rahmen der Kommissionierung entsprechend zu organisieren, damit bekannt ist, welche Gefahrgüter in welcher Anzahl wo gelagert werden und um die Pickfehler zu minimieren. Um dies zu gewährleisten hat man bei Woolworth auf die Pick-by-Voice-Technologie zurückgegriffen (siehe Abschnitt 2.3.1, S. 19ff), womit sich das Unternehmen als Vorreiter präsentierte, da diese Technik bis dato noch keine Anwendung im Gefahrstofflager fand. Die Genehmigung konnte Woolworth auf Grund der räumlichen Gegebenheiten erhalten. Betrachtet man die Fehlerquote bei der Kommissionierung, so hat sich die Investition gelohnt. Die Fehler konnten hier um etwa 80 Prozent dezimiert werden. Auch sonst gelang es durch das verwendete System Maßnahmen zur Steigerung der Sicherheit durchzusetzen. So wurden beispielsweise auf jedem Ladungsträger die Informationen über Inhalt und Menge des Gefahrstoffes angebracht. Weiterhin wird der jeweils zuständige Transportdienstleister bereits vor dem Transport der Gefahrstoffgüter darüber informiert, in welcher Menge und in welchen Gefahrstoffklassen die von ihm zu befördernden Waren eingestuft sind. Bezüglich der Gefahrstoffklassen wurde zudem berücksichtigt, dass es vorgeschriebene Höchstbestände gibt. Hierfür werden wöchentlich Statistiken erstellt, welche die aktuellen Bestände der einzelnen Gefahrstoffklassen ermitteln. (vgl. Gerking 2007, S. 36, offl.)

4.3.2 LED-Tableau für Picklisten
Die Logistik Optimierung Supper (LOS) GmbH hat sich mit der Frage beschäftigt, wie für ein verbreitetes und bewährtes System eine neuartige und zugleich zeitgemäße Lösung ohne hohen finanziellen Einsatz aussehen könnte, welche die Benutzerfreundlichkeit steigert und die Fehlerquote und die Arbeitszeit reduziert. LOS hat für die Kommissionierung eine solche Lösung entwickelt. Dabei handelt es sich um ein LED-Tableau (siehe Abbildung 15), auf welchem sich eine Pickliste befestigen lässt.

Abbildung 15: LOS-Tableau mit LED-Unterstützung
(vgl. LOS 2009, onl.)

Dabei werden die Zeilen der Liste von der Rückseite von integrierten LEDs beleuchtet und geben dem Kommissionierer eine klare Übersicht über den Kommissionierfortschritt und die als nächstes zu pickende Position. Die aktuelle Pickposition wird mittels zweier roter LEDs links und rechts markiert. (vgl. de Schmidt 2007a, S. 52, offl.) Hat der Kommissionierer die angezeigte Position entnommen, quittiert er dies über einen Knopfdrück, wodurch die gepickte Position mittels LED grün markiert wird und die nächste Positionszeile rot markiert wird. (vgl. de Schmidt 2007a, S. 52f, offl.)

Der Kommissionierer kann so zu jedem Zeitpunkt leicht erkennen, welche Positionen bereits gepickt wurden, welche aktuell angesteuert werden muss und welche und wie viele insgesamt noch zu entnehmen sind. Insgesamt verfügt das LOS-Tableau über 30 LED-Zeilen, wodurch die Pickliste nicht überladen erscheint und zugleich Übersichtlichkeit gewährleistet. Des Weiteren wird die Flexibilität durch die „Vor"- und „Zurück"-Tasten erhöht. Tritt der Fall ein, dass der Lagerort der aktuell zu pickende Position durch einen anderen Kommissionierer oder sonstige Gründe besetzt oder nicht zugänglich ist, hat der Nutzer die Möglichkeit, durch das Betätigen der „Vor"-Taste, zur nächsten Position zu wechseln und die aktuelle Position vorerst zu überspringen. Entsprechend wird dann die nachfolgende Pickzeile mit roten LEDs gekennzeichnet. Wird der ausgelassene Entnahmeort wieder frei, kann der Benutzer, durch Drücken der „Zurück"-Taste, zur übersprungenen Position zurückwechseln und den Kommissionierauftrag normal weiter abarbeiten. (vgl. de Schmidt 2007a, S. 53, offl.)

Das Tableau ist leicht und verfügt über einen eingebauten Lithium-Ionen-Akku, wodurch es kabellos verwendet werden kann und sowohl direkt am Kommissionierfahrzeug befestigt werden kann, als auch in der Hand des Kommissionierers mobil mitgeführt werden kann. Für eine Anbringung des Tableaus am Kommissionierfahrzeug spricht dabei die gesteigerte Arbeitsergonomie, da sich die Liste stets im Blickfeld des Arbeiters befindet und die auf lange Sicht viel Zeit raubenden Bewegungen, wie das Aufnehmen und Ablegen der Liste, wegfallen. Handelt es sich um ein batteriebetriebenes Kommissionierfahrzeug, besteht zudem die Möglichkeit, das Tableau an dessen Energieversorgung anzuschließen, was die Funktionsdauer nochmals steigert. Für längere Aufträge mit mehr als 30 Pickpositionen können in einer Einstecktasche zudem weitere Picklisten mitgeführt werden. (vgl. de Schmidt 2007a, S. 53, offl.)

Vergleicht man das LOS-Tableau mit teureren Alternativen, wie beispielsweise Pick-by-Voice, so spricht für das Tableau zunächst die optische Führung. Dank ihr kann der Kommissionierer zu jedem Zeitpunkt leicht seinen Kommissionierfortschritt einsehen. Weiterhin ist im Gegensatz zur akustischen Führung ein geringerer Konzentrationsgrad seitens des Mitarbeiters erforderlich und es können keine Verständnisschwierigkeiten auftreten, was die Fehlerquote senkt und die Kommissionierzeit reduziert. So müssen beispielsweise Sprachanweisungen bei Nichtverständnis nicht wiederholt werden. (vgl. de Schmidt 2007a, S. 53, offl.)

Entschließt man sich für den Einsatz des LOS-Tableaus, sind dennoch bestimmte Anpassungen erforderlich. Hierfür muss das Layout der Pickliste modifiziert werden, indem der Zeilenabstand an den acht Millimeter LED-Abstand angepasst wird und zusätzlich drei Spalten für die zwei roten und die eine grüne LED pro Zeile eingefügt werden. (vgl. de Schmidt 2007a, S. 53, offl.)

Hinsichtlich der Tableau-Kosten ist festzustellen, dass sich die getätigten Investitionen relativ schnell amortisieren, was an einer Beispielrechnung deutlich wird. Geht man von 50 Picks pro Stunde aus, so ergeben sich auf das ganze Jahr gerechnet, bei 7,5 Stunden pro Arbeitstag und 250 Arbeitstagen im Jahr, insgesamt 93.750 Picks. Nimmt man weiterhin an, dass pro Pick drei Sekunden eingespart werden, macht dies auf das Jahr gerechnet 78,1 Stunden, die eingespart werden, was bei einem durchschnittlichen Stundenlohn von zwanzig Euro einer Ersparnis von 1.562,50 Euro pro Jahr und pro Tableau entspricht. Das LOS-Tableau ist für knapp 800 Euro erhältlich, wodurch der Return of Investment (ROI) in dieser Rechnung für ein Tableau nach etwa einem halben Jahr erreicht wird. (vgl. de Schmidt 2007a, S. 53, offl.)

Somit lässt sich über das LOS-Tableau zusammenfassend sagen, dass es sich um eine relativ schnell amortisierende Investition handelt, welche eine geringe Einarbeitungszeit erfordert und mit relativ wenig Aufwand mit bisherigen Picklisten verwendet werden kann. Es ist übersichtlich gestaltet und lässt sich außerdem an Kommissionierfahrzeuge befestigen, wodurch der Mitarbeiter zusätzlich die Hände frei hat.

4.3.3 Automatische Verdeckelung von Kommissionierbehältern

Abbildung 16: Verdeckelungsautomat von AMI
(vgl. Planko 2007, onl.)

Das Verdeckelung von Kommissionierbehältern nimmt bei manueller Ausführung viel Zeit in Anspruch und stellt zudem eine eintönige, nicht wertschöpfende Aufgabe dar. Aus diesem Grund bietet die AMI Förder- und Lagertechnik GmbH einen automatischen Verdeckler an. Der Maschine werden über eine Fördertechnik regelmäßig Behälterdeckel zugeführt. Diese werden dann mit Hilfe eines Liftsystems in die Verdeckelungsvorrichtung befördert. Die installierte pneumatische Greifvorrichtung saugt dann für einen Verdeckelungsvorgang den obersten Deckel an, um ihn nach einer 180 Grad Drehung dem Behälter, der unterdessen in den Automaten eingefahren ist, zuzuführen. Damit die Greifvorrichtung nicht mehrere am obersten haftende Deckel auf einmal aufnimmt befinden sich vier Bürstenköpfe an der Verdeckelungsvorrichtung. (siehe Abbildung 16, S. 55) Da der Automat gleich über zwei Greifvorrichtung verfügt, kann während des Verdeckelns eines Behälters direkt der nächste Deckel aufgenommen werden. Somit können pro Stunde bis zu 1.800 Kommissionierbehälter mit Deckeln versehen werden. Der Wegfall des manuellen Aufwandes und der somit erhöhte Behälterdurchsatz spart die Arbeitskraft von etwa zwei Mitarbeitern ein, welche komplett eingespart werden können oder beispielsweise an anderer Stelle des Kommissioniervorgangs eingesetzt werden können. (vgl. AMI 2007, S. 56, offl.)

4.3.4 Kombigerät für Pick-by-Voice und Scanner-Anwendung
Eine Kombination der Scanner-Funktion mit der sprachgeführten Kommissionierung wurde durch den Hersteller Symbol und dem Voice-Spezialisten zetesIND in Form eines Handhelds realisiert.

Das Handheld verfügt sowohl über einen Scanner, der über eine Halterung am Finger befestigt werden kann, als auch über ein Display mit Tastatur, welches fest am Unterarm getragen werden kann. (siehe Abbildung 17, S. 56) Es setzt sich zusammen aus den Datenfunkterminals WT4000 von Symbol, den nötigen Vorrichtungen für ein möglichst komfortables Tragen, einem Headset und der Software „MCL-Collection" mit „Vocollect Voice", kurz MCL-Voice genannt, von zetesIND. Diese Software ermöglicht die Kopplung der Scanner- und Sprachführungsfunktionen. Das Handheld ist in der Lage die relevanten Informationen verschiedener Aufträge gleichzeitig zwischen zu speichern, um diese abhängig vom Arbeitstempo des Kommissionierers auszugeben. (vgl. Zetes 2007, S. 54, offl.)

Abbildung 17: Handheld kombiniert Scanner- und Sprachanwendung
(vgl. Zetes 2007, S. 54, offl.)

Hierbei hat der Kommissionierer zudem die Möglichkeit, bei gleichbleibend hoher Verständlichkeit, die Sprechgeschwindigkeit der Ansagen individuell einzustellen. Auch die Spracherkennung kann individuell für jeden Benutzer in Form eines Sprachprofils im Handheld hinterlegt werden, wobei sprachliche Eigenheiten des Kommissionierers, wie etwa ein Dialekt, nicht von Relevanz sind. Bei der Erfassung von Daten, beispielsweise für die Quittierung einer Entnahme, kann der Benutzer auswählen, welche Form für die jeweilige Situation am besten geeignet ist. So kann zum Beispiel der Barcode des Entnahmebehälters eingescannt werden oder der Kommissionierer quittiert per Sprachbefehl über das Mikrofon am Headset. (vgl. Kürten 2007, S. 2, onl.)

Das Handheld bieten sich vor allem dann an, wenn nur gelegentlich eine Scann-Funktion benötigt wird und die Effizienz bei der Kommissionierung durch Sprachführung deutlich gesteigert werden kann. Auch für weitere Symbol-Terminals, neben dem WT4000, stellt die Zetes-Gruppe entsprechende Softwarelösungen bereit. (vgl. Zetes 2007, S. 54, offl.)

4.3.5 Scan-Technologie für große Entfernungen

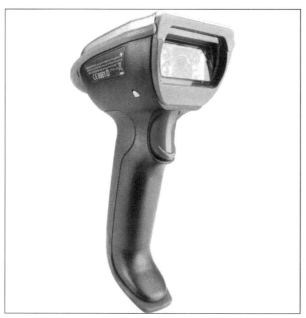

Abbildung 18: Handheld-Scanner SR61ex mit Nah-/Fern-Area-Technologie
(vgl. Intermec, S. 56, offl.)

Die Firma Intermec hat einen Handheld-Scanner in ihr Sortiment aufgenommen, welcher über die integrierte Intellibeam EX25 Nah-/Fern Area Imaging Technologie verfügt. (siehe Abbildung 18) Der SR61ex Handheld-Scanner bietet Autofokusfunktionen an, mit denen Barcodes sowohl bei geringer Entfernung, als auch auf weiten Strecken erfasst werden können. Vor allem eignet sich der Scanner für die Datenerfassung, wenn in den Lagern Staplerfahrzeuge eingesetzt werden. Er lässt sich mit an Staplern befestigten Computern kombinieren, sodass er verschiedene Codes unabhängig von der Leserichtung bei Entfernungen von 15cm bis 15m einscannen und entsprechend verarbeiten kann. Somit steigert der SR61ex die Flexibilität, erspart teilweise weite Wege und erhöht somit die Arbeitsproduktivität. Der Kommissionierer kann sowohl Artikel scannen, die er direkt vor sich hat, oder an Paletten befestigte Barcodes erfassen, die sich in einer höheren Ebene eines Hochregallagers befinden. Die gelesenen Daten können anschließend via Bluetooth kabellos an den zentralen Lagerverwaltungsrechner übermittelt werden. (vgl. Intermec, S. 56, offl.)

Der SR61ex ist robust und eignet sich auch für extreme Arbeitsbedingungen. Sowohl hohe, als auch tiefe Temperaturen wirken sich nicht auf seine Funktionsfähigkeit aus und auch sonstige externe Einflüsse, wie Staub oder Flüssigkeiten, können ihm durch eine Versiegelung nicht beschädigen. (vgl. Intermec, S. 56, offl.)

Alles in allem bietet sich der Einsatz des SR61ex in allen Kommissionierlagern an, unabhängig von der Arbeitsumgebung und den verwendeten Fortbewegungsmitteln, da er sowohl in der Hand gehalten werden kann, als auch am Kommissionierfahrzeug montiert werden kann. Der Hauptvorteil des Scanners liegt dabei in der Nah-/Fern-Area-Technologie und der kabellosen Datenübermittlung. So fallen Kommissionierwege weg, was die Kommissionierzeit verkürzt und eine eventuelle Ermüdung des Kommissionierers verhindert, beziehungsweise verzögert.

4.3.6 Einsatz der Vakuum-Technologie für Hebe- und Senkvorgänge bei der Kommissionierung

Im Rahmen des Handlings von schweren oder sperrigen Waren und Kartons stellt die Vakuum-Technologie eine attraktive Alternative dar. Bei steigendem Paket-, beziehungsweise Warenaufkommen und den teilweise sehr hohen Gewichten der Güter, stoßen die Kommissionierer bei manuellem Handling häufig an ihre Leistungsgrenzen.

So hat die Schmalz GmbH, ein Spezialist im Bereich der Vakuum-Technologie, beispielsweise das manuelle Karton-Handling des Elektromotorenherstellers VEM motors Thurm durch Vakuum-Schlauchheber ersetzt. Zusammen mit einer neuen Kommissionierzone und Einträger-Krananlagen, konnte hier der gesamte Materialfluss effizienter und ergonomischer gestaltet werden. Beim Entwurf und der Installation dieser neuen Kommissionieranlage, realisiert durch die Hans-Hebetechnik und Metallbau GmbH, musste vor allem sichergestellt werden, dass Waren unterschiedlicher Größen und Gewichte aufgenommen und exakt platziert, beziehungsweise gestapelt werden können. Bei VEM kamen die Schmalz-Vakuum-Schlauchheber der Baureihe „Jumbo" zum Einsatz. Diese zeichnen sich durch den Doppelsauggreifer mit einem Hochleistungsgebläse aus, wobei die Saugleistung stufenlos eingestellt werden kann, weshalb er sich vor allem für breitgefächerte Artikelspektren mit unterschiedlichen Größen und Gewichten anbietet. Als weiteres Zubehör bietet Schmalz einen 35cm langen Schlauchzylinder als Verlängerung für den Schlauchheber an. Mit Hilfe dieses Zylinders wird das Entnehmen sowohl von Kartons zwischen zwei Stapeln, als auch aus Gitterboxen ermöglicht. Auch seitens der VEM-Mitarbeiter fanden die Schmalz-Schlauchheber hohen Zuspruch. Durch diese Neuerung konnten sie das erhöhte Aufkommen an zu kommissionierenden Kartons bewältigen und bei gleichbleibender Mitarbeiteranzahl die doppelte Menge an Kartons pro Tag kommissionieren. Zudem wurde somit die Arbeitsplatzergonomie gesteigert und das Unfallrisiko reduziert. (vgl. Grundler 2007a, S. 59, offl.)

Auch der Solaranlagenhersteller General Solar Systems GmbH hat auf eine Vakuumlösung der Schmalz GmbH zurückgegriffen. Konzentriert wurde sich hierbei auf das Handling der täglich etwa 200 zu bewegenden Solar-Kollektoren, was durch den Schlauchheber deutlich erleichtert wird. General Solar Systems vertreibt Kollektoren unterschiedlicher Größen, wobei pro Auftrag im Durchschnitt zwei bis vier Kollektoren und die zugehörigen Speicher und Installationsmaterialien kommissioniert werden müssen. Ähnlich wie die Mitarbeiter bei VEM, stießen die Mitarbeiter von General Solar Systems an ihre physischen Grenzen. Man entschied sich für das Modell „JumboErgo 85" mit pneumatischer Schwenkeinheit.

Abbildung 19: Vakuum-Schlauchheber JumboErgo 85 der Schmalz GmbH
(vgl. Schmalz 2009, onl.)

Mit einer Tragfähigkeit von bis zu 70kg kann das gesamte Sortiment an Kollektoren verlässlich bewegt werden. Der JumboErgo 85 saugt die Kollektoren an der Funktionsseite an, da die Vakuumsauger auf glatter Oberfläche am besten funktionieren, wobei der Sauger zur Steigerung der Handhabungssicherheit mit einer Lasttraverse und einem Vierfachgreifer ausgestattet ist. (siehe Abbildung 19) Das Highlight des Schlauchhebers ist die pneumatische Schwenkeinheit PSE. Mit ihrer Hilfe kann der JumboErgo 85 mit angesaugtem Kollektor, sowohl vertikal, als auch horizontal und ohne zusätzlichen Personaleinsatz, um jeweils 90 Grad geschwenkt werden. Da der Schmalz-Schlauchheber zusätzlich an einem Säulenschwenkkran montiert ist, ergibt sich im Zusammenspiel mit der PSE ein großzügiger Schwenk- und Arbeitsbereich von 270 Grad. Der Einsatz der PSE ist bei General Solar Systems deshalb so sinnvoll, da die Kollektoren meist liegend gelagert werden, jedoch vertikal auf der Kommissionierpalette abgestellt werden. Für diese stehende Position spricht zum einen die höhere Raumausnutzung im Laderaum des Transporters, zum anderen die einfacheren und sichereren Verpackungsmöglichkeiten der Kollektoren. So können die Kollektoren sowohl einzeln durch entsprechende Schutzelemente vor Stößen und Beschädigungen abgesichert werden, als auch die komplette Palette mit Schutzfolie umwickelt werden. Bei General Solar Systems fiel die Leistungssteigerung sogar noch signifikanter aus, als bei VEM. Hier kann heute ein Mitarbeiter das Dreifache der Menge an Kollektoren kommissionieren, die zuvor von insgesamt sieben Mitarbeitern erreicht wurde. (vgl. Grundler 2007b, S. 73f, offl.)

Abschließend lässt sich für die Vakuum-Technologie festhalten, dass sie für das Handhaben von schweren und sperrigen Gütern geeignet ist, welche sich, beispielsweise auf Grund ihrer Geometrie oder ihres Gewichts, nicht ohne Weiteres kommissionieren und bewegen lassen. Schlauchheber, wie sie von der Schmalz GmbH vertrieben werden, steigern den Artikeldurchsatz und die Ergonomie am Arbeitsplatz und erhöhen zudem die Sicherheit, sowohl die der Mitarbeiter, als auch die der Waren, sodass Arbeitsunfälle, Beschädigungen und daraus resultierende Reklamationen minimiert werden.

4.3.7 Software unterstützt sprachgeführte Kommissionierung
Bei der Verwendung der Pick-by-Voice-Technologie kann eine laute Arbeitsumgebung die verständliche Sprachübermittlung beim Arbeiten erheblich behindern. Die Topsystem Systemhaus GmbH hat hierfür das Headset „NoiseMaster" im Sortiment, welches das Niveau der Spracherkennung auch bei extremem Lärm gewährleistet. Ermöglicht wird dies durch einen Algorithmus, der statische, explosive und dynamische Geräusche herausfiltern kann und den „NoiseMaster" somit zwischen der betrieblichen Geräuschkulisse und den Kommandos des Kommissionierers unterscheiden lässt. Nach Einsprechen der Anweisungen greifen mathematische Verfahren in die Signalverarbeitung ein. Diese blendet ab einer Grenze von 94dB Störgeräusche, der menschlichen Sprache ähnliche Geräusche sowie Geräusche mit hoher Frequenz oder metallischen Klang aus und gibt anschließend ausschließlich die klaren menschlichen Sprachanweisungen weiter. (vgl. Hermann 2007, S. 44, offl.) Daher bietet sich der „NoiseMaster" der Topsystem Systemhaus GmbH vor allem in Lagern mit einer extremen Geräuschkulisse an, wo er zur Steigerung der Kommissionierqualität einer Pick-by-Voice-Anlage einen signifikanten Beitrag leisten kann.

4.3.8 Software für optimale Stauraumausnutzung
Die ERPA Systeme GmbH bietet eine neue Version ihres Paletten-Optimierungsprogramms „palOPTI" an, welches zur Stauraumoptimierung beiträgt. Somit kann im Rahmen der Kommissionierung das auftragsspezifische Zusammenstellen von Sendungen auf Paletten oder in Kartons verbessert werden. Die neue Version 1.8 soll die Arbeit noch einfacher gestalten als die Vorgängerversionen und eine noch exaktere Berechnung der Stauraumausnutzung erlauben. (vgl. SoftGuide 2008, onl.)
Mit Hilfe des modular aufgebauten „palOPTI" lassen sich für diverse Paletten und Containertypen optimale Packlösungen entwickeln. Dabei kann man auswählen zwischen der einstufigen Standardanalyse und der zweistufigen Analyse, bei welcher zusätzlich ein passender Umkarton berechnet wird. Der Benutzer erhält eine genaue graphische Packanweisung in 2D oder 3D, welche die fertig gepackte Palette zusammen mit den relevanten Informationen, wie Abmessungen, Gewichte und Anzahlen der Packgüter darstellt. Zudem lassen sich in der Version 1.8 die Packanweisung individuell formatieren und modifizieren, um so ein spezifisches Layout erstellen zu können. (vgl. SoftGuide 2008, onl.)
Das „palOPTI"-Modul „manuelle Anordnung" ermöglicht bei der Packstückanordnung noch mehr Individualität. Hierbei werden Lücken zwischen den Packstücken automatisch von der Software erkannt, um diese anschließend bestmöglich mit weiteren Gütern zu füllen. Das Modul „Ladungssicherung" bietet Funktionen zur Sicherung der Packstücke und Paletten. Möglich ist hierbei die Vorbereitung für die Anbringung von Kantenschutzelementen oder für die Umreifung der Paletten. „palOPTI" ist in nahezu allen westeuropäischen Sprachen verfügbar und ist zudem

in einer Netzwerklizenz erhältlich, wodurch von unterschiedlichen Arbeitsplätzen auf das System zugegriffen werden kann. Eine Erweiterung um die osteuropäischen Sprachen ist derzeit in Arbeit. (vgl. SoftGuide 2008, onl.)

Die Kosten für eine „palOPTI"-Lizenz variiert, abhängig davon, ob die ein- oder zweistufige Lizenz geordert wird und welche Module dazu bestellt werden und ob eine Netzwerklizenz gewünscht ist. Die einstufige Lizenz liegt bei 480 Euro und ist somit knapp 300 Euro günstiger als die zweistufige Variante. Jedes Modul erhöht die Rechnung um weitere 180 Euro und wenn zudem eine Netzwerklizenz gewünscht ist, wird der bis dahin erreichte Preis verdoppelt. (vgl. ERPA 2008, onl.)

4.3.9 Festpreisangebot zur beleglosen Kommissionierung

Die beleglose Kommissionierung findet immer mehr Zuspruch und wird von immer mehr Unternehmen eingesetzt. Jedoch erfordert es nach wie vor höhere Investitionen als die papiergeführte Kommissionierung, weshalb sich dieser Schritt unter monetären Gesichtspunkten vor allem für kleine und mittlere Betriebe oftmals nicht rechnet. Gerade in diesem Segment existieren Unternehmen, die zwar bereits ein modernes EDV-System zur Lagerverwaltung besitzen, die Kommissionierung jedoch nach wie vor mit Papierlisten durchführen. Eine Lösung hierfür bietet die Lunzer und Partner GmbH mit einem Komplettpaket für die beleglose Kommissionierung. Das Angebot mit einem Festpreis von unter 20.000 Euro setzt sich aus verschiedenen Komponenten und Leistungen zusammen. Auf der Softwareseite wird das, dank Java plattformunabhängige, branchenneutrale Softwaremodul „PaperlessPick-Java" implementiert, welches über eine XML-Schnittstelle verfügt, wodurch sich das Programm mit nahezu jedem System koppeln lässt. (vgl. Verstaen 2007c, S. 40, offl.)

„PaperlessPick-Java" beinhaltet unter anderem eine Ressourcenplanung, mit deren Hilfe die verschiedenen Aufträge unterschiedlichen Mitarbeitern zugewiesen werden können. In einer Übersicht ist dann einzusehen, welche Aufträge bereits vollständig, beziehungsweise welche Aufträge wie weit bearbeitet wurde. Außerdem kann die Software auf Wunsch diese Zuweisung auch automatisch übernehmen. Letztlich bietet es noch diverse Auswertungen an, welche visualisiert werden können und somit Auskunft über die Leistung und die erreichten Ergebnisse geben können. (vgl. Lunzer + Partner 2007, onl.)

An Hardwarekomponenten bietet das Paket eine vollständige Funk-Infrastruktur an, einschließlich zweier WLAN Access Points und für den mobilen Einsatz drei unempfindliche Handheldterminals. Hinsichtlich der Handheldterminals kann der Kunde zwischen verschiedenen Modellen auswählen. Beispielsweise bietet die Lunzer und Partner GmbH hierfür die Modelle „MC3000" von Symbol und „Workabout ProM" von Teklogix an. Beide Produkte sind sowohl mit einem Farbdisplay inklusive einer Touchscreen-Funktion, als auch mit einem Scanner und zum Halten mit einem Pistolengriff ausgestattet. (vgl. Verstaen 2007c, S. 40, offl.)

Die mitgelieferten Endgeräte und der Leitstand verfügen in ihrem Betrieb zudem über eine zeitgemäße, browserbasierte Weboberfläche. Den Mitarbeitern begegnen bei der Arbeit mit den Handhelds leicht verständliche Masken, welche die Kommissionierung erleichtern und beschleunigen sollen. (vgl. Lunzer + Partner 2007, onl.)

Neben dem nötigen Zubehör für die Handhelds sind im Preis noch diverse Leistungen inbegrif-

fen. Hierzu zählen, abgesehen von der Installation und der Konfiguration des Systems, eine Anwenderschulung für drei Mitarbeiter und ein kostenloser Support für drei Monate. (vgl. Verstaen 2007c, S. 40, offl.)
Der große Vorteil des Angebotes, neben dem Festpreis, ist die Plattformunabhängigkeit. Somit ist es irrelevant, welches Betriebssystem oder welche Datenbanken bisher im EDV-System genutzt wurden. Das System kann mit jeglicher SQL-Datenbank verbunden und mit wenig Arbeitseinsatz in jedes bisher verwendete System eingebettet werden. (vgl. Lunzer + Partner 2007, onl.)
Grundsätzlich bietet dieses Komplettsystem einen vergleichsweise günstigen Einstieg in die beleglose Kommissionierung, für dessen Einsatz lediglich eine Auftrags- und Rückmeldeschnittstelle zwischen dem bisherigen System und „PaperlessPick-Java" erforderlich sind. (vgl. Lunzer + Partner 2007, onl.)

4.3.10 Lager mit Höchstautomatisierungsgrad

Der Pharma Großhändler Fiebig hat ein Logistikzentrum in Betrieb genommen, welches sich durch einen Automatisierungsgrad von über neunzig Prozent auszeichnet. Dieser Innovation liegt eine ABC-Analyse für die Kommissioniergüter zu Grunde, wobei die A-Artikel eine hohe, die B-Artikel eine mittlere und die Artikel der Klasse C entsprechend eine niedrige Zugriffshäufigkeit aufweisen.
Für die A-Kommissionierung wurden zwei Schachtautomaten übereinander aufgebaut, die sich jeweils aus einem Förderband und zwei Kommissionierschächten als Überdachung zusammensetzen. Hier werden pro Stunde 2.400 Aufträge kommissioniert, wobei maximal sechs pharmazeutische Packungen pro Sekunden ausgeworfen werden können. Die Auftragsbehälter fahren dabei auf dem Laufband durch den Schachtautomaten und wenn sie sich unter den korrekten Schächten befinden, werden aus diesen die korrekten Artikel in die Behälter ausgeworfen. Als präventive Kontrollmaßnahme wird dabei jedem durchfahrenden Kommissionierbehälter ein fester Abschnitt auf dem Band zugeordnet, sodass die Artikel des einen Auftrages nicht versehentlich in den Behälter eines anderen Auftrags abgegeben werden. (vgl. Vogel 2007, S. 45f, offl.)
Bei der Kommissionierung der B-Artikel kommen im Fiebig-Lager insgesamt siebzehn hochdynamische Regalbediengeräte vom führenden Hersteller für Materialfluss- und Lagersysteme TGW zum Einsatz. Das Modell „Commissioner" hat die Aufgabe die benötigten Behälter aus den Lagerfächern zu ziehen und dem Fördersystem zuzuführen, welches die Behälter zur Hochleistungspickstation hin, und anschließend wieder zurück transportiert. Anschließend muss der „Commissioner" die nicht mehr benötigten Lagerbehälter wieder in die korrekten Fächer einlagern. Bei der Hochleistungspickstation wird das Prinzip Pick-by-Light realisiert. (siehe Abschnitt 2.3.2, S. 22f) Hier wird den Kommissionierern mittels einer Lichtsteuerung angezeigt aus welchem Fach eines Lagerbehälters welche Menge entnommen werden muss und in welchen Auftragsbehälter die Ware im Anschluss abgelegt werden muss. Dank dieser Hochleistungskommissionierung und da die Regalbediengeräte aus faserverstärktem Karbon gebaut wurden, welche zusätzlich über einen Servoantrieb verfügen, kann der Ein- und Auslagerungsprozess eines Behälters sowie der Transport hin zur Pickstation und zurück insgesamt in weniger als einer Minute durchgeführt werden. Somit können auch sensible Arzneiartikel, welche bei einer bestimmten

Temperatur gelagert werden müssen, mit diesem System kommissioniert werden, da sie rechtzeitig wieder in ihren gekühlten Lagerplatz eingelagert werden können. (vgl. Vogel 2007, S. 46, offl.)

Die dritte Artikelkategorie C, gelagert in Fachbodenregalen, sowie die sperrigen Güter des Sortiments werden wie auch die A- und B-Artikel durch Unterstützung des Lagerverwaltungssystems kommissioniert. Die Kommissionierer sind hierbei mit mobilen Armbandcomputern ausgerüstet, welche die Kommissionieraufträge zusammen mit den anzusteuernden Entnahmeorten via Funk vom LVS empfangen. Der Mitarbeiter erhält die abzuarbeitenden Zeilen eines Auftrags direkt wegoptimiert. Nach jeder gepickten Position erfasst der Kommissionierer mit einem Fingerscanner die Nummer des Regalfaches und des mitgeführten Auftragsbehälters und quittiert somit die Entnahme. (vgl. Vogel 2007, S. 46, offl.)

Gemessen vom Auftragsstart bis zum Eintreffen der kommissionierten Behälter im Versandbahnhof vergehen lediglich fünfzehn Minuten. Damit diese geringen Auftragsdurchlaufzeiten gewährleistet werden können, bedarf es unter anderem einer effizienten Koordination der Lagersteuerung und hierbei insbesondere einem intelligenten Behältermanagement. Bei Fiebig stehen hierfür beim Auftragsstart drei unterschiedliche Sorten von Kommissionierbehältern zur Verfügung, welche sich neben ihrer Höhe in der Kühlfähigkeit unterscheiden. Es stehen also niedrige und hohe Behälter, als auch solche die über eine Kühlbox verfügen bereit. Eine Supply-Chain-Management-Software empfängt von einem Telefoncomputer die Kommissionieraufträge und leitet diese an das LVS weiter. Abhängig von der Auftragsart, veranlasst das LVS dann den Start des benötigten Behälters, wobei maximal 2.000 Behälter in der Stunde losgeschickt werden können. Zudem muss die Systemsteuerung die korrekte zeitliche Abstimmung gewährleisten, damit sich der jeweils richtige Behälter im richtigen Moment unter der korrekten Füllstation befindet. Genau hierfür wurden im System bestimmte Sicherheitsmechanismen realisiert. Neben der Verfolgung eines jeden Behälters mittels Lichtschrankentechnik kontrollieren Scanner, ob die Identifikationsnummer eines Behälters zur der des Auftrages passt. Erst wenn diese Übereinstimmung sichergestellt ist, gibt die jeweilige Füllstation die Ware ab. (vgl. Vogel 2007, S. 45, offl.)

Die Nachschubversorgung für die Schachtautomaten und die Kommissionierung der C-Artikel wird mittels zweier neun Meter hoher automatischer Kleinteilelager, mit circa 35.000 Behältern, sichergestellt. Diese werden auf jeder Auslagerungsebene von zwei 6 m/s schnellen TGW-Regalbediengeräten des Modells „Mustang" verwendet, um Behälter mit Nachschub bereitzustellen. Zudem haben die „Mustang"-Geräte die Aufgabe leere Behälter zu entsorgen. Damit bei der Nachfüllung der Schachtautomaten keine Fehler passieren, wurden zusätzlich eine Lichtsteuerung und Scanner installiert. Nachdem die nachfüllenden Mitarbeiter von den „Mustangs" die Nachschubware aus den automatischen Kleinteilelagern erhalten haben und diese in einem Schacht platziert haben, kontrollieren diese Vorrichtungen ob es sich um die richtigen Artikel und den korrekten Schacht handelt. (vgl. Vogel 2007, S. 46f, offl.)

Wird der definierte Mindestbestand eines Artikels erreicht, löst die Supply-Chain-Management-Software automatisch einen Einkaufsauftrag aus, wobei sie auf Aspekte wie die Lieferzeiten des Artikels und saisonale Abhängigkeiten achtet. So empfiehlt es sich beispielsweise im Winter bei der Order von erkältungshemmenden Mitteln frühzeitiger ein größeres Bestellvolumen zu wählen, während Arzneien gegen Mückenstiche oder die Sommergrippe im Winter geringe Bestellvolumina erfordern. (vgl. Vogel 2007, S. 47, offl.)

Der Pharma Großhändler hat für das Lager mit einem derartig hohen Automatisierungsgrad rund zwanzig Millionen Euro investiert. (vgl. Vogel 2007, S. 44, offl.) In Anbetracht der gesteigerten Kommissionierqualität und -leistung, die aus der Automatik und den Sicherheitskontrollen resultieren, sollte sich diese Investition allerdings bezahlt machen. Fiebig kann nun bei verhältnismäßig geringem Personaleinsatz ein großes Auftragsvolumen, ohne die Gefahr von gravierenden Fehlern bewältigen und somit überdies die Kundenzufriedenheit erhöhen.

5 Optimierung und Rationalisierung von Lagern und logistischen Prozessen in Verbindung mit SAP

Im vorangegangenen Kapitel wurden bereits verschiede Ansätze zur Optimierung von Kommissionierprozessen vorgestellt. Da die Kommissionierung einen zentralen Aufgabenbereich der Intralogistik bildet und demzufolge sowohl direkt, als auch indirekt mit diversen Bereichen eines Lagers in Verbindung steht, stellen auch das Prinzip der vollständigen Lagerüberarbeitung und die Optimierung logistischer Prozesse interessante Ansätze für diese Studie dar. Diese werden in den folgenden Abschnitten anhand tatsächlich in Unternehmen durchgeführter Maßnahmen näher beleuchtet, wobei unter anderem jeweils auf eine Softwareunterstützung durch SAP, beziehungsweise SAP LES, zurückgegriffen wurde. Hierbei liegt demnach der Daten- und Informationsfluss der Kommissionierung im Fokus. Zu Beginn soll zum besseren Verständnis das SAP Modul LES vorgestellt werden. Anschließend werden die Praxisbeispiele erörtert, wie beispielsweise die Modernisierung eines Lagers im laufenden Betrieb oder eine vollautomatische Kommissionierung welche mit Hilfe von SAP realisiert wurde.

5.1 SAP LES

Das SAP-Modul „Logistics Execution System", kurz SAP LES, bildet eine Standard-Logistiklösung und einen integrierten Baustein von SAP ERP. Mit mehr als 5.000 arbeitenden Installationen nimmt SAP LES weltweit den ersten Platz im Bereich der Lagerverwaltungs- und -steuerungs-Software ein. SAP LES setzt sich aus verschiedenen Komponenten zusammen, wobei das SAP Task- and Resource Management (SAP TRM) ein Kernelement darstellt. Das Modul stellt moderne und unabhängige Funktionen bereit und unterstützt, beziehungsweise verknüpft somit flexibel Prozesse verschiedener Aufgabenbereiche von der Beschaffung, über Lagerung, Distribution und Transport, bis hin zum Verkauf und Serviceleistungen. Die bei verschiedenen Logistiksystemen verwendeten Lagersteuerungsanwendungen und Datenfunksysteme werden im SAP LES abgebildet. (vgl. inconso 2009, onl. und IGZ 2009a, onl.)

Folgend werden die unterschiedlichen Teilmodule von SAP LES mit ihren Aufgaben und Funktionalitäten kurz vorgestellt:

- Das SAP Handling Unit Management (SAP HUM) bietet umfassende Möglichkeiten, um mehrstufige Packstückstrukturen, zum Zusammenfassen von mehreren Packstücken zu einem neuen Packstück, abzubilden, und um Packvorschriften zu hinterlegen. Auf Packstückebene verwendet SAP HUM dabei konsequent Standards, wie beispielsweise den Serial Shipping Container Code, wodurch weitrechende Rückverfolgbarkeit unterstützt wird. (vgl. IGZ 2009b, onl.)

- Das SAP IT S mobile stellt eine Komponente dar, welche für den Fall, dass in der Kommissionierung mit browserbasierten Geräten zur mobilen Datenerfassung (MDE) gearbeitet wird, mit diesen kommuniziert und die Frontends der Geräte darstellt. Hierfür befindet sich ein Browser auf dem MDE-Gerät, welches direkt mit einem SAP Web-Application-Server kommuniziert. Überdies unterstützt SAP LES MDE-Endgeräte unterschiedlicher Hersteller und kann während des Betriebes auch zwischen verschiedenen End-Usern differenzieren. SAP IT S mobile bietet also Flexibilität, sowohl während des Betriebes, als

auch bei der Wahl des Anbieters für die Hardware. (vgl. IGZ 2009c, onl.)
- Das SAP Voice-Picking mit dem SAP Warehouse Management (WM) und SAP TRM ermöglicht das Kommissionieren nach dem Pick-by-Voice-Prinzip. Mit dessen Unterstützung können die Kommissionieraufträge via Sprachanweisung an das Headset des Kommissionierers übermittelt werden. Hierfür werden die Voice-Clients der Mitarbeiter direkt mit SAP LES gekoppelt. (vgl. IGZ 2009d, onl.)
- Das SAP LES Standardkomponente SAP Express-Ship-Interface ist verantwortlich für die Versandabwicklung und Rückverfolgungsfunktionen wie Track and Trace. Es dient dem Hinterlegen der wichtigsten Routinginformationen der Transportdienstleister im SAP-System. Außerdem unterstützt es die Bereitstellung von erforderlichen Versandinformationen, beispielsweise in Form von Etiketten oder Labels, welche direkt aus SAP heraus ausgedruckt werden können. (vgl. IGZ 2009e, onl.)
- Das SAP Yard Management koordiniert alle beim Lager eintreffenden und vom Lager abgehenden Transportmittel, wie LKWs, Züge oder Container. Hierfür bietet es beispielsweise Funktionen wie elektronische Plantafeln an, welche die Zuweisung von Zeitfenstern an die Transportdienstleister ermöglicht. (vgl. IGZ 2009f, onl.)
- Das Task and Resource Management (SAP TRM) ist vor allem für die hier vorgestellten Innovationen relevant, bildet die Materialfluss- und Staplersteuerungskomponente von SAP LES und stellt eine Erweiterung des SAP WM dar. SAP TRM dient der Abbildung und Optimierung ein- oder mehrstufiger Materialflüsse, wofür es direkt mit den speicherprogrammierbaren Steuerungen (SPS) von Hochregallagern oder automatischen Kleinteilelagern kommuniziert. (vgl. IGZ 2009g, onl.) Es bietet die Möglichkeit den Staplern im Lager in Echtzeit Fahraufträge zuzuordnen, wobei es alle relevanten Informationen über die Fahrzeuge kennt, wie die derzeitige Position in Form von Koordinaten oder die Routen auf denen sie sich fortbewegen. Weiterhin gibt es die Aufträge wegoptimiert aus, versucht stets eventuell entstehende Leerfahrten der Staplerfahrzeuge zu vermeiden und entwickelt optimale Ein- und Auslagerungsstrategien. (vgl. IGZ 2009h, onl. und IGZ 2009j, onl.) Im Hinblick auf die Koordination der automatischen Förderstrecken von Transportelementen, wie beispielsweise Paletten, werden die Wege, die die Paletten im Lager nehmen, im SAP TRM als Routen abgelegt. Die hierbei entstehenden, teilweise über mehrere Ebenen verlaufenden und sehr komplexen Layouts der installierten Fördertechnik werden im Task and Resource Management von SAP umfassend abgebildet. Sollten hier Probleme entstehen, wie zum Beispiel durch technische Ausfälle, aktiviert das System außerdem dynamische Umleitungsstrategien. (vgl. IGZ 2009k, onl.) Entscheidet man sich für den Einsatz von SAP TRM zur Steuerung der Stapler und des Materialflusses, so erhält man eine zweistufige Systemarchitektur. Auf der einen Seite steht das SAP System, auf der anderen Seite die SPS der verschiedenen Lagerkomponenten. (vgl. IGZ 2009i, onl.) Durch die verschiedenen Funktionen des SAP TRM können Kommissionierprozesse umfangreich unterstützt werden, unabhängig davon, ob diese Prozesse ein- oder mehrstufiger oder auch paralleler Natur sind. (vgl. IGZ 2009l, onl.)

Grundsätzlich stellt SAP LES also ein umfassendes Modul dar, dessen Einsatz zusätzliche oder externe Lagersteuerungssysteme sowohl für automatisch, als auch für manuell betriebene Lager erübrigt. Durch die konsequente Verwendung von SAP LES können, neben Schnittstellen und Abhängigkeiten zwischen verschiedenen Systemkomponenten, zudem Kosten verringert werden. (vgl. IGZ 2009a, onl.)

5.2 Umstellung zur beleglosen Kommissionierung
Der führende Hersteller von Fruchtsäften, Eckes-Granini, hat sich dazu entschlossen, im Rahmen der Kommissionierung, von einer beleggeführten zu einer beleglosen Variante zu wechseln. Dabei hat man sich für das Prinzip Pick-by-Voice (siehe Abschnitt 2.3.1, S. 19ff) mit der hierfür vorgesehenen Software „topSpeechLydia" von der topsystem Systemhaus GmbH entschieden, einem führenden Hersteller sprachbasierter Logistiklösungen. (vgl. topsystem 2007, S. 50, offl.)

Etwa 80 Prozent der Aufträge sind sortenreiner Natur, für die restlichen zwanzig Prozent müssen die Kommissionierer unterschiedliche Saftsorten kundenindividuell zusammenstellen. Wie es bei einer Pick-by-Voice-Lösung üblich ist, wurden die Kommissionierer mit einem Headset, in diesem Fall von Sennheiser, und einem mobilen Voice-Client ausgestattet und erhalten darüber die Kommissionieraufträge in gesprochener Form. (vgl. topsystem 2007, S. 50f, offl.)

Bei der alten papierbehafteten Kommissionierung mussten die Kommissionierer die Picklisten zunächst aus dem SAP-System ausdrucken, selbstständig den nächsten Entnahmeort aufsuchen und dann die Getränkekartons für den Auftrag zusammenzustellen. Außerdem hatten die Kommissionierer die Aufgabe die gepickten Positionen nach der Entnahme per Hand abzuhaken und manuell zu ermitteln, wie viele Paletten für einen Auftrag benötigt werden. Zudem bestand ein erhöhter Personalbedarf, da ein zusätzlicher Mitarbeiter die fertig kommissionierten Aufträge nochmals auf Richtigkeit überprüfen musste. Bei der neuen beleglosen Variante wird der Mitarbeiter dank des Systems durch den gesamten Kommissionierprozess geleitet, hat auf Grund des Headsets beide Hände frei und verfügt über ein höheres Maß an Konzentration um die Ware zu kommissionieren. (vgl. topsystem 2007, S. 50, offl.)

Die Entscheidung für die unterstützende Software „topSpeechLydia" hatte verschiedene Gründe. Die Anwendung baut sowohl auf Hardware-, als auch auf Softwareseite auf bestehenden Standards auf und kann somit leicht in die IT-Infrastruktur eines bestehenden Lagerverwaltungssystems integriert werden. Weiterhin verfügt es über eine natürliche Sprachwiedergabe bei den Kommissionieranweisungen. Zudem ist es irrelevant welche Art von Client der Kommissionierer mit sich führt, da die Software Hardwareunabhängig eingesetzt werden kann. (vgl. topsystem 2007, S. 51, offl.)

Die Integration von „topSpeechLydia" in das bestehende System und die Organisation der Abläufe gestaltet sich wie folgt: (vgl. topsystem 2007, S. 51, offl.)

Als ERP-System verwendet Eckes-Granini SAP R/3 und hinsichtlich des Lagerverwaltungssystems (LVS) arbeitet das Unternehmen mit einer Implementierung des globalen Anbieters für integrierte Logistiklösungen Swisslog, welche an eine Oracle-Datenbank für die Kommissionierdaten angeschlossen ist. Das LVS und das SAP-System sind direkt miteinander verbunden und „topSpeechLydia" ist an die Datenbank des LVS gekoppelt. Die Kommissionieraufträge werden vom LVS generiert und via Funk an den Client des Kommissionierers gesendet wo sie in Form einer Sprachanweisung dem Mitarbeiter über das Headset mitgeteilt werden. Die sprachliche Bestätigung des Kommissionierers gelangt auf gleichem Wege zurück zum LVS.

In der Praxis beginnt ein Entnahmevorgang durch Ansage des Kommissionierers, wobei dieser zu Auftragsbeginn zusätzlich noch die identifizierende Nummer der zu packenden Palette in das Mikrofon einspricht. Das System generiert dann die erste Sprachanweisung, in welcher dem Kommissionierer die Regalfachnummer des nächsten Entnahmeortes genannt wird. Das Ankommen am Bestimmungsort quittiert der Mitarbeiter dann durch das Einsprechen der Prüfziffer am Regal woraufhin das System die zu entnehmende Menge erwidert. Die Entnahme wird wiederum durch Sprachanweisung des Kommissionierers bestätigt, indem er die entnommene Menge nennt. Nach dieser Kontrolle kann das System die Entnahme verbuchen und anschließend den Kommissionierer zum nächsten Entnahmeort schicken. (vgl. topsystem 2007, S. 51, offl.)

Zur Systemeinführung haben sich die Kommissionierer umfassend mit den Neuerungen befasst und die Sprachanweisungen zur Quittierung der Arbeitsschritte eingeübt. Rückblickend ließ sich eine schnell und signifikant eintretende Steigerung der Pickleistung, der Effizienz und der Motivation der Mitarbeiter feststellen. Pro Tag können jetzt bis zu 70.000 Kartons kommissioniert werden. Dadurch, dass der Kommissionierer nicht mehr ständig auf die Pickliste schauen und die Entnahme dort durch Abhaken quittieren muss und dass keine Barcodes mehr eingescannt werden müssen, konnte zudem die Konzentration gesteigert werden. Die ergonomische Kommunikation mit dem System via Sprache lässt den Kommissionierer außerdem nicht so schnell ermüden. Da das Drucken von Picklisten und die daraus resultierenden Weg- und Wartezeiten durch die Modernisierung wegfallen, wird überdies der administrative Aufwand minimiert. (vgl. topsystem 2007, S. 50f, offl.)

5.3 Plug-and-Play-Lösung modernisiert Logistikabläufe

Der Tiefkühlspezialist Eismann hat seine Warehouse-Prozesse durch eine Plug-and-Play-Lösung optimiert, dessen zentrales Element eine sprachgeführte Kommissionierung nach dem Prinzip Pick-by-Voice ist. Das Unternehmen konnte die Modernisierung dank der Plug-and-Play-Lösung „PickManager" von Erhardt + Partner (E+P), Anbieter für integrierte Gesamtlösungen für die Warehouse-Logistik, in acht seiner Lager in nur acht Monaten umsetzen. Das Konzept von E+P beinhaltet die Pick-by-Voice-Software, circa 120 Vocollect-Voice-Terminals des Modells T2x, sowie die Lieferung und Einrichtung des benötigten Equipments und die Funkausleuchtung, die bei minus 25 Grad Celsius zuverlässig arbeitet und somit optimal für den Anbieter von Tiefkühlprodukten geeignet ist. Überdies werden eventuell erforderliche Reparaturen an den Voice-Terminals durch das von E+P betriebenen Vocollect Repair Center durchgeführt. Die Anwendung „PickManager" ist am Eismann-Hauptstandort auf einem IBM i5 eServer installiert, auf welchen die acht Lagerstandorte zugreifen. Hierfür wurde der „PickManager" an das übergeordnete Warenwirtschaftssystem SAP 5.0 gekoppelt, wodurch an den acht Standorten keine zusätzlichen Server oder Softwarelösungen installiert werden müssen. (vgl. de Schmidt 2007b, S. 34, offl.) Die positive Veränderung der Modernisierung war dank des „PickManagers" vor allem für die Eismänner spürbar. Dabei handelt es sich um selbstständige Handelsvertreter, welche zusammen mit ihren Angestellten und den Kühlfahrzeugen die Tiefkühlprodukte ausliefern. Nach Einführung der neuen Pick-by-Voice-Lösung mit den diversen Kontrollpunkten, können die Eismänner sicher sein, dass die Kommissionierfehlerquote deutlich gesunken ist und die für sie kommissionierte Ware den georderten Artikelsorten und -mengen entspricht. Außerdem werden die Güter direkt mit der zugehörigen Rechnung bereitgestellt, da durch die Kopplung des „PickManagers" an das SAP-System eine vollautomatische Rechnungslegung realisiert werden kann. (vgl. de Schmidt 2007b, S. 34f, offl.)

Der „PickManager" koordiniert den Informationsverkehr zwischen den Voice-Terminals der Kommissionierer und dem SAP-System automatisch und in Echtzeit, indem er beispielsweise die Entnahme einer Pickposition direkt an das SAP-System meldet, woraufhin dort die entnommen Artikel in der korrekten Menge aus dem Bestand ausgebucht werden. Durch diese Informationsweiterleitung in Echtzeit können Maßnahmen, wie die Bestellung von Nachschub oder die Fakturierung der Güter, wesentlich zeitnäher ausgelöst werden. Sollten die Kapazitäten der Kommissionierer nicht vollständig ausgelastet sein, erkennt das SAP-System dies und leitet Inventuren bestimmter Artikel ein, welche nur wenige Minuten in Anspruch nehmen. Hierbei unterstützt der „PickManager" wiederum den Lagermitarbeiter, indem er ihn dank eines speziellen Voice-Dialogs durch den Inventurprozess leitet und das Ergebnis der Bestandsaufnahme anschließend wieder dem SAP-System übermittelt. Im Laufe eines Kalenderjahres wird so an jedem Lagerplatz mindestens einmal eine Inventur durchgeführt. (vgl. de Schmidt 2007b, S. 35, offl.)

Bevor die sprachgeführte Neuerung eingeführt wurde, verwendeten die Mitarbeiter noch aus SAP ausgedruckte Papier-Picklisten. Die größte Schwierigkeit dabei waren die niedrigen Temperaturen. Auf Grund dessen mussten die Kommissionierer diverse Vermerke auf den Listen handschriftlich und mit Bleistift durchführen, wobei sie Schutzkleidung und Handschuhe tragen mussten, was die Schrift zum Teil schwer lesbar machte. Anschließende Warenausgangsbuchungen im SAP waren auf Grund von Ablese- und Verständnisfehlern teilweise fehlerhaft. (vgl. de Schmidt 2007b, S. 35, offl.)

Im Hinblick auf das gesamte Unternehmen hat sich durch die Innovation einiges verbessert. Durch die lagerübergreifende Verwendung von SAP und dem „PickManager" konnte die Transparenz bezüglich der Bestände, der Aufträge und dem Personalbedarf der einzelnen Lager erhöht werden, wodurch Vergleiche zwischen den acht Standorten erstellt, daraus resultierende strategische Maßnahmen ergriffen und die Personaleinsatzplanung optimiert werden konnten. (vgl. de Schmidt 2007b, S. 35, offl.)

5.4 Vollautomatische Kommissionierung in SAP

Die PCI-Augsburg GmbH stellt Baustoffe her und hat in den letzten Jahren einen Anstieg der zu kommissionierenden Mengen und des dafür notwendigen Aufwandes um etwa 40 Prozent verzeichnet und sich deshalb für eine vollautomatische Kommissionierung mit einer Unterstützung durch SAP LES entschieden. (vgl. Wöhrle 2007, S. 28, offl.)

Abbildung 20: Blick auf die vollautomatische Kommissionieranlage im Lager von PCI-Augsburg
(vgl. Wöhrle 2007, S. 28, offl.)

Das Gesamtsystem setzt sich zusammen aus einem Saug- und einem Greifroboter, zwei Regalbediengeräten, einem Sacktransportsystem und einer Fördertechnik für die Paletten. Dabei übernehmen die vollautomatischen Robotersysteme das Zusammenstellen der schweren Sackware ab 15 kg. Die Sackware wird durch den Saugroboter, beziehungsweise Pickroboter, von der Lagerpalette angehoben und dann auf das Förderband abgesetzt. (siehe Abbildung 20, S. 72) Der Greifroboter, hier auch Palettier-Roboter genannt, nimmt die Ware mittels einer Vorrichtung von dort auf und setzt sie auf der Kundenpalette wieder ab. (vgl. Wöhrle 2007, S. 28f, offl.)
Diese Schwerlast-Kommissionieraufgaben werden vollständig durch SAP LES/TRM unterstützt. (siehe Abschnitt 5.1, S. 66ff) Die Kommunikation zwischen dem SAP-System und der speicherprogrammierbaren Steuerung (SPS) der Kommissionieranlage mit den Robotern und der Fördertechnik findet direkt und in Echtzeit statt, sodass keine zusätzliche Middleware oder sonstige Subsysteme zwischengeschaltet werden müssen. (vgl. Wöhrle 2007, S. 28f, offl.)
Die SPS der Kommissionieranlage erhält die Kommissionieraufträge direkt aus dem SAP und arbeitet diese schrittweise ab, wobei jede abgearbeitete Position und der Abschluss des Auftrages an SAP TRM übermittelt werden. Anschließend wird der Abtransport der fertig zusammengestellten Schwerlastpaletten automatisch durchgeführt. Die Verwaltung von Lagerplätzen und die Koordination von Nachschüben werden ebenfalls vollständig im SAP abgebildet. Für die reibungslose Zusammenarbeit zwischen der SPS der Kommissionieranlage und dem SAP-System wurde die Kommissionieranlage im SAP TRM als eigenständiger Arbeitsbereich angelegt und die Regalbediengeräte als zusätzliche Ressourcen. (vgl. Wöhrle 2007, S. 30, offl.) Wie in Abbildung 20 zu erkennen ist (siehe Abbildung 21, S. 74) übernimmt das SAP TRM mit der Steuerung der Regalbediengeräte (RBG), der Roboter-Depalettierung und der Roboter-Kommissionierung

im Wesentlichen drei steuernde Aufgabenbereiche. Bei der RBG-Steuerung spricht TRM direkt die Steuerung der Regalbediengeräte an und übermittelt die Aufgaben, sodass sie die Paletten für die anschließende Roboter-Depalettierung optimal vorbereiten. Zudem werden hier die automatische Nachschubsteuerung und die Koordination leerer Paletten übernommen. Im Aufgabenbereich der Roboterpalettierung erhalten die Saug- und Greifroboter ihre Aufträge ebenfalls direkt vom SAP TRM, wobei jede Position die gepickt wurde an SAP zurückgemeldet wird.

Abbildung 21: Aufgaben des SAP TRM bei PCI-Augsburg
(vgl. Wöhrle 2007, S. 30, offl.)

Der dritte Bereich, die Roboterkommissionierung, beschreibt grundsätzlich die Steuerung, welche für die Kommissionierung auf die korrekte vom SAP System vorgesehene Palette verantwortlich ist. Die Verbesserungen durch die Rationalisierungen bei der Kommissionierung schlugen sich zunächst nieder in den signifikant reduzierten Auftragsdurchlaufzeiten, wodurch sich die Kommissionierzeit der pro Tag eintreffenden Aufträge um etwa eine Stunde verkürzt hat. Dank der Roboter- und Fördertechnik können heute durchschnittlich circa 2.500 Einheiten an Sackware vollautomatisch zusammengestellt werden. Dadurch, dass die Roboter die Kommissionieranweisungen direkt aus dem SAP-System erhalten und die gesamten Robotereinstellungen jederzeit im SAP LES verändert werden können, kann schnell auf verschiedene Gegebenheiten reagiert werden, was die Flexibilität steigert. Zudem betragen die Kosten für einen Schwerlast-Pick nur noch 60 Prozent des vorigen Wertes, was vor allem durch die niedrigen Unterhaltskosten der Kommissionieranlage gewährleistet wird. Im Zusammenhang mit dieser Geldersparnis wird der Return of Investment schätzungsweise nach vier Jahren erreicht. Neben den finanziellen Einsparungen in der Kommissionierung und den gesenkten Betriebskosten trägt die Anlage überdies zur Steigerung der Kommissionierqualität und zu einer Absicherung des Liefergrades bei, also dem Verhältnis von durchgeführten Aufträgen zur Auftragsgesamtzahl. (vgl. Wöhrle 2007, S. 29f, offl.)

5.5 Schrittweise Sanierung eines Lagers

Der führende Haushaltswarenhersteller WMF hat in einem fünfstufigen Prozess die Intralogistik und Steuerung seines 25 Jahre alten und dreigeschossigen Lager-/Warenverteilzentrums (LWZ) ausgewechselt. Die Lagersanierung wurde durch die viastore systems GmbH durchgeführt, einem führenden Systemhaus für Lagerlogistik. (vgl. Muckelberg 2007, S. 24, offl.)

Bevor mit der Modernisierung des WMF-Lagers begonnen werden konnte, wurden zunächst die bestehenden Räumlichkeiten vermessen, um daraus dreidimensionale Pläne zu erstellen. Grund hierfür war die Vorgabe, dass beim Umbau die alte Bausubstanz verwendet werden sollte. Eine weitere Vorgabe des mehrstufigen Umbaus war es, dass der Betrieb des LWZ während der Arbeiten ohne Unterbrechung weiterlaufen sollte. Die Kernaufgabe des Vorhabens sah vor, dass von einer artikelorientierten, zweistufigen Kommissionierung auf ein auftragsorientierte, einstufige Kommissionierung gewechselt werden sollte. (siehe Abschnitt 2.1.4.1, S. 7f und Abschnitt 2.1.5, S. 9ff) Hierfür wurden vorerst die für die Kommissionierung relevanten Systemkennwerte erfasst, wie beispielsweise die Anzahl an Pickpositionen und Aufträgen pro Tag, wobei auch Leistungsschwankungen und eine Leistungsreserve von 15 Prozent für die Planung berücksichtigt wurden. (vgl. Muckelberg 2007, S. 24f, offl.)

In der ersten von fünf Umbauphasen wurde sich auf die Schnelldreher, also die A-Teile-Kommissionierung konzentriert, wobei zunächst nur ein Teil der zweiten Kommissionierstufe abgebaut wurde, damit der Betrieb so wenig wie möglich beeinträchtigt wird. Zeitgleich wurde für die angestrebte Pick-and-Pack-Kommissionierung (siehe Abschnitt 2.1.5, S. 11) der Schnelldreher eine erste Zone inklusive Packerei und Versand aufgebaut. Für die Pick-and-Pack-Kommissionierung wurde ein sogenanntes „High Performance Picking System" (HPPS) installiert, welches pro Stunde rund 3.000 Picks ermöglichen soll. Weiterhin wurden hier für die Kommissionierung drei Regalgassen errichtet und die Pickplatzergonomie ausgestaltet. Dies umfasst neben Trittpodesten und geneigten Behälterebenen eine Fließbandtechnik in der Mitte der Gänge mit einer ergonomisch optimalen Höhe für die Ablage. Das High Performance Picking bei WMF umfasst zudem ein Pick-by-Light-System und eine automatische und dynamische Bereitstellung mittels Regalbediengeräten. Neben diesen Bauten wurde auch das neue LVS für diesen Schnelldreher-Bereich in Betrieb genommen. Damit das neue LVS neben dem im restlichen Bereich des LWZ betriebenen LVS existieren konnte, ohne dass es zu Problemen kommen konnte, wurden im bestehenden LVS die Aufträge für die Schnelldreher herausgefiltert und an das neue System weitergeleitet. Der restliche Lagerbetrieb blieb von dieser ersten Phase unberührt und lief normal weiter. (vgl. Muckelberg 2007, S. 25, offl.)

Im zweiten Schritt der Lagersanierung wurde der restliche Teil der zweiten Kommissionierstufe entfernt. Weiterhin wurden noch zwei Gassen und eine zweite Pick-and-Pack-Zone für das HPPS der Schnelldreher errichtet. Wie die erste auch, wurde die neue Zone an die neue Packerei angebunden und es wurde eine automatische Vorrichtung die Kartonaufrichtung integriert. Nachdem das im ersten Schritt installierte LVS um diese zusätzlichen Komponenten erweitert wurde war die Modernisierung der Kommissionierung für die Schnelldreher abgeschlossen. (vgl. Muckelberg 2007, S. 25, offl.)

Durch die Umbaustufen eins und zwei ist das alte automatische Kleinteilelager für die Schnelldreher soweit entlastet worden, dass in der dritten Phase nun ein Teil davon durch vier neue Kleinteilelagergassen ausgetauscht werden konnte. Dieser neue Komplex wurde anschließend an den Wareneingang angebunden und im Bereich davor wurde begonnen die Kommissionierung von B-Artikeln vorzubereiten. Dazu wurde eine neu errichtete B-Teile-Kommissionierzone an das automatischen Kleinteilelager, die neue Packerei und den neuen Versand gekoppelt. Der Ausbau des neuen LVS um die Bereiche des neuen Kleinteilelagers und der B- und C-Teile-Kommissionierung bildete den Abschluss des dritten Sanierungsschrittes. (vgl. Muckelberg 2007, S. 25, offl.)

Im vierten Modernisierungsschritt galt es zunächst Universalpackplätze zu errichten. Für diese wurde zusätzlich eine Behälter-Pufferzone gebaut, bevor die Universalpackzone an das Hochregallager und die A-, B- und C-Teile-Kommissionierung angebunden wurde. Anschließend wurde in dieser Baustufe im Untergeschoss ein neuer Wareneingang für eintreffende Rollpaletten und Behälter inklusive einer Palettenkommissionierung errichtet. Nachdem das neue LVS um diese Elemente erweitert wurde, galt es die Verbindung zwischen dem neuen LVS und dem SAP herzustellen und das alte LVS davon zu trennen und außer Betrieb zu nehmen. (vgl. Muckelberg 2007, S. 26, offl.)

In der letzten Bauphase mussten noch die restlichen Universalpackplätze und die B/C-Kommissionierplätze errichtet, die übrigen Bereiche des automatischen Kleinteilelagers saniert und die Palettenkommissionierung an die Fördertechnik für die Behälter angebunden werden. (vgl. Muckelberg 2007, S. 26, offl.)

Letztlich gehörten zum Sanierungskonzept noch ein Tool, welches die Kartons für die Kommissionierung vorrausschauend und über den Tag optimal verteilt losschickt und ein Mehrpaketsorter, der für Sendungen, die sich aus mehreren Paketen zusammensetzen, die benötigten Pakete zusammenstellt. (vgl. Muckelberg 2007, S. 27, offl.)

Das Herzstück dieser komplexen Umbaumaßnahmen stellt das schnelle und ergonomische viastore HPPS dar. Zusammen mit dem dabei verwendeten Pick-by-Light-System, leitet das WMS die Kommissionierer effektiv durch deren Aufgaben. Außerdem wird die Hochleistungskommissionierung durch den automatischen Nachschub und die ebenfalls automatische Abholung von leeren oder derzeit nicht benötigten Behältern gewährleistet. Da diese Aufgaben durch Automatismen übernommen werden, spart der Kommissionierer Zeit ein und kann sich verstärkt auf seine Kommissionieraufgaben konzentrieren. Zusätzlich wird die Auslagerung der alten und die Einlagerung der neuen Artikel sowie die Zuteilung der Kommissionierbehälter abhängig von der Auftragsreihenfolge, der jeweiligen Auslastung der Pickplätze und der Verfügbarkeit der Artikel optimal koordiniert. (vgl. Muckelberg 2007, S. 26, offl.)

Insgesamt hat sich durch diese Modernisierung des LWZ für WMF einiges verbessert. Zunächst wird kann durch das Pick-and-Pack-Systems direkt in die Versandkartons kommissioniert werden, was Zeit einspart und das spätere Umpacken von Auftrags- in Versandbehälter erübrigt. Weiterhin ermittelt das System jeden Tag erneut die am schnellsten drehenden Artikel und lagert diese dann nachts in die A-Lager um, sodass diese immer möglichst schnell kommissioniert werden können. Ein weiterer Pluspunkt des neuen Lagers ist die neue Fördertechnik. Sie hat sich um rund 80 Prozent von 7,5 auf nur noch 1,5 km verringert. Durch die bestmögliche Anordnung der Räumlichkeiten und der daraus verkürzten Förderstrecken, gelangen die Güter schnellstmöglich von ihrem Lagerfach über die Kommissionierung in den Versand. Somit sind durch die Sanierung des LWZ vor allem ein erhöhter Warendurchsatz und geringere Durchlaufzeiten realisiert worden. (vgl. Muckelberg 2007, S. 26f, offl.)

6 Fazit

Im Rahmen dieser Studie wurden verschiedene Neuerungsansätze vorgestellt, welche sich unterschiedlichsten technologischen Bereichen bedienen. Der RFID-Bereich hat sich dabei als ein Bereich mit einem sehr breiten Einsatzspektrum herausgestellt, welcher auf Grund seiner relativ weit fortgeschritten Standardisierung immer mehr Zuspruch findet und verstärkt für Innovationen in der Logistik verwendet wird. Durch eine Kopplung mit Technologien, wie der Sensorik, kann RFID verschiedene Aufgabenbereiche unterstützen, zu einer signifikanten Leistungssteigerung beitragen und Kosten senken. Im Bereich der Kommissionierfahrzeuge ist ein Trend hin zur verstärkten Automatisierung festzustellen. Durch Innovationen, wie ein sprachgeführtes oder vollautomatisches Kommissionierfahrzeug, werden durch die Technik immer mehr Aufgaben übernommen, welche sonst der Kommissionierer hätte durchführen müssen. Auch im Hinblick auf die Energieeffizienz und ökologische Aspekte wird in diesem Bereich geforscht. Ein Ergebnis hierfür bildet beispielsweise der Hybridstapler von Still.

Überdies wurde durch das breite Sortiment an Neuerungen im Abschnitt der sonstigen Innovationen veranschaulicht wie unterschiedlich innovative Ideen realisiert werden können. Dabei werden verschiedene Funktionen und Technologien miteinander kombiniert, wie zum Beispiel Scanner- und Sprachanwendungen in einem Handheld-Gerät. Aber auch ganz typische Kommissioniertätigkeiten werden durch softwaregestützte Geräte und Anwendungen optimiert, wie beispielsweise das Verdeckeln von Behältern durch einen Automaten und das Einsprechen von Anweisungen in ein Pick-by-Voice-Headset durch den Sprachfilter „NoiseMaster". Außerdem gibt es hier auch völlig neue und selbstständige Ansätze, wie die Vakuum-Technologie.

Der Abschnitt über die vollständige Sanierung und Optimierung von Lagern und logistischen Prozessen in Verbindung mit Lagerverwaltungssystemen und im Speziellen mit SAP hat gezeigt, dass durch den Einsatz unterschiedlicher moderne Technologien, veraltete Lager, beziehungsweise Lagerbereiche oder -abläufe, auf den derzeitigen Stand der Technik gebracht werden können. Diese Maßnahmen haben verständlicherweise die größten Auswirkungen auf das gesamte Lagersystem und können somit deutliche Steigerungen der gesamten Logistikleistung und -effizienz herbeiführen und gleichzeitig die logistischen Kosten minimieren. Dies liegt an der Beschleunigung und Automatisierung der einzelnen Abläufe und den geringeren Kosten, welche beispielsweise durch das Freisetzen von Personal erreicht werden können.

Weiterhin wurde gezeigt, dass in der modernen und effizienten Kommissionierung eine Verwendung der Informationstechnologie nahezu unumgänglich ist und durch Kombinationen und Weiterentwicklungen verschiedener Technologien die Autarkie der verschiedenen intralogistischen Komponenten immer weiter zunimmt. Das Spektrum an innovativen Neuerungen, die in diese Richtung arbeiten, nimmt stetig zu, weshalb auch nur ein Ausschnitt des derzeitigen Forschungsfortschrittes aufgezeigt werden konnte.

Für zukünftige Untersuchungen wäre es interessant, bestimmte Optimierungsbereiche einzeln noch genauer zu untersuchen, da es nicht möglich ist das gesamte Spektrum an Neuerungen in der IT-gestützten Kommissionierung in einer Analyse abzudecken. Gerade das Thema der RFID-Technologie bietet viele Funktionen und Einsatzmöglichkeiten und entwickelt sich zudem stetig weiter. Dabei wäre es beispielsweise interessant Alternativen, wie etwa die IRID-Technologie, näher zu betrachten und einen umfassenderen Vergleich anzustellen, als es im Umfang dieser Studie möglich war. In diesem Zusammenhang stellt zum Beispiel die Verbesserung von Problemen der RFID-Technologie ein attraktives Untersuchungsgebiet dar, welches sicherlich eine genauere Betrachtung verdient. Dabei könnten Themen wie die Absicherung der ausgetauschten Daten oder das Verhindern, beziehungsweise das Abschirmen gegen externe Störeinflüsse im Fokus stehen.

Literaturverzeichnis

Offline-Quellen:

Fachseminar:

Spee, D. [2005]: *Welche Technik wofür? Welches Kommunikationssystem unterstützt den Kommissionierer am besten?*, Fachseminar „Ausgewählte Techniken der beleglosen Kommissionierung"

Bücher:

Arauz, V. [2008]: *Produktorientierte Verknüpfung von Elementen des Materialfluss-, Organisations- und Informationssystems zur effizienten Kommissionierung*, Grin, o.O. 2008.

Arnold, D. (Hrsg.) [2006]: *Intralogistik: Potentiale, Perspektiven, Prognosen*, Springer, o.O. 2006

Cetin, D. [2004]: *Moderne Förder- und Kommissioniersysteme. Ein Überblick*, Grin, o.O. 2004.

Franke, W., Dangelmaier, W. (Hrsg.) [2006]: *RFID: Leitfaden für die Logistik: Anwendungsgebiete, Einsatzmöglichkeiten, Integration, Praxisbeispiele*, Gabler, o.O. 2006.

Gleissner, H., Femerling, J. C. [2007]: *Logistik: Grundlagen-Übungen-Fallbeispiele*, Gabler, 1. Aufl., o.O. 2007.

Gronau, N. [2004]: *Enterprise Resource Planning und Supply Chain Management*, Oldenbourg, o.O. 2004.

Günther, H.-O., Tempelmeier, H. [2004]: *Produktion und Logistik*, Springer, 6. Aufl., o.O. 2004.

Hahndorf, M. O. [2009]: *Die Zukunft der RFID-Technologie: Spannungsfeld zwischen Theorie und Praxis*, Igel, o.O. 2009.

Hansen, W. R., Gillert, F. [2006]: *RFID für die Optimierung von Geschäftsprozessen: Prozess-Strukturen, IT-Architekturen, RFID-Infrastruktur*, Hanser, o.O. 2006.

Holderied, C. [2005]: *Güterverkehr, Spedition und Logistik*, Oldenbourg, o.O. 2005.

Hölker, K. [2009]: *Technische Lagersysteme und Strategien im Kommissionierbereich zur Verbesserung der Distributionslogistik*, Grin, Essen 2009.

Kirschner, M. [2008]: *E-Business – Einsatz von RFID-Chips*, Grin, o.O. 2008.

Koether, R. (Hrsg.) [2008]: *Taschenbuch der Logistik*, Hanser, 3. Aufl., o.O. 2008.

Martin, H. [2008]: *Transport- und Lagerlogistik: Planung, Struktur, Steuerung und Kosten von Systemen der Intralogistik*, Vieweg+Teubner, 7. Aufl., o.O. 2008.

Mertens, P. (Hrsg.) [2005]: *Operative Systeme in der Industrie*, Gabler, 15. Aufl., o.O. 2005.

Müller, J. [2008]: *Konzept eines Kommissionierungslagers in China für die direkte Belieferung von Filialen*, Grin, Stuttgart 2008.

Oelfke, W. [2002]: *Güterverkehr – Spedition – Logistik: Speditionsbetriebslehre*, Gehlen, 29. Aufl., o.O. 2002.

Peilsteiner, J. (Hrsg.), Truszkiewitz, G. (Hrsg.) [2002]: *Handbuch Temperaturgeführte Logistik*, Behr, o.O. 2002.

Pepels, W. [2001]: *Einführung in das Distributionsmanagement*, Oldenbourg, 2. Aufl., o.O. 2001.

Reimer, H. [2008]: *Integration eines Barcodesystems in den Versandhandel mit begleitender Lageroptimierung*, Hildesheim 2008.

Schmidt, D. [2006]: *RFID im Mobile Supply Chain Event Management: Anwendungsszenarien, Verbreitung und Wirtschaftlichkeit*, Springer, o.O. 2006.

Schulte, G. [2001]: *Material- und Logistikmanagement*, Oldenbourg, 2. Aufl., o.O. 2001.

Thieme, J. [2006]: *Versandhandelsmanagement: Grundlagen, Prozesse und Erfolgsstrategien für die Praxis*, Gabler, 2. Aufl., o.O. 2006.

Vahrenkamp, R. [2007]: *Logistik: Management und Strategien*, Oldenbourg, 6. Aufl., o.O. 2007.

Wannenwetsch, H. [2003]: *Integrierte Materialwirtschaft und Logistik: Beschaffung, Logistik, Materialwirtschaft und Produktion*, Springer, 2. Aufl., o.O. 2003.

Westphal, T. [2007]: *RFID – Chancen, Risiken und Umsetzungen einer Technologie*, Grin, o.O. 2007.

Wiendahl, H.-P. (Hrsg.), Lotter, B. (Hrsg.) [2006]: *Montage in der industriellen Produktion: Ein Handbuch für die Praxis*, Springer, o.O. 2006.

Witteborn, J. [2007]: *Kommissioniersysteme: Die Kommissionierung im Gesamtkontext der logistischen Kette*, Grin, o.O. 2007.

Zeitschriften:

AMI [2007]: *Handhabungstechnik verdeckelt Kommissionierbehälter*, in: Logistik für Unternehmen (2007), Heft 10, S. 56.

de Schmidt, A. [2007a]: *LED mit Lineal*, in: Logistik Heute (2007), Heft 11, S. 52-53.

de Schmidt, A. [2007b]: *Pizza mit Plug-and-Play*, in: Logistik Heute (2007), Heft 9, S. 34-35.

DHL Innovation Initiative [2007]: *RFID-Sensor-Lösung für temperaturgeführte Transporte*, in: Logistik für Unternehmen (2007), Heft 1/2, S. 54.

Erhardt+Partner [2007]: *Mobiler Kommissionierwagen mit LED-Leuchtanzeigen*, in: Logistik für Unternehmen (2007), Heft 4/5, S. 51.

Gerking, H. [2007]: *Innovatives Konzept für Gefahrgut-Handling im Einzelhandel realisiert*, in: Logistik für Unternehmen (2007), Heft 1/2, S. 34-36.

Grundler, E. [2007a]: *Kundenaufträge rationeller kommissionieren*, in: Logistik für Unternehmen (2007), Heft 6, S. 59.

Grundler, E. [2007b]: *Vakuum-Handling rationalisiert Kommissionierung von Solar-Kollektoren*, in: Logistik für Unternehmen (2007), Heft 9, S. 73-74.

Hahn-Woernle, C. [2008]: *Innovationen durch Intralogistik – Interdisziplinäre Zusammenarbeit als Basis neuer Entwicklungen*, in: Das Jahrbuch der Logistik 2008, S. 152-153.

Hermann, A. [2007]: *Schluss mit Lärm*, in: Logistik Heute (2007), Heft 12, S. 44.

Intermec [2007]: *Handheld-Scanner mit integrierter Nah-/Fern-Area-Technologie*, in: Logistik für Unternehmen (2007), Heft 10, S. 56.

Jansen, R., Gliesche, M. [2008]: *RFID-Technologie – Solutionträger für Schnittstellenprobleme?*, in: Das Jahrbuch der Logistik 2008, S. 202-206.

Maruschzik, J. [2007]: *RFID – Realismus ist eingekehrt*, in: Logistik für Unternehmen (2007), Heft 10, S. 58-62.

Muckelberg, E. [2007]: *Komplexe Lagersanierung in fünf Stufen*, in: Logistik für Unternehmen (2007), Heft 1/2, S. 24-27.

Seebauer, P. [2007]: *Stapler mit Intelligenz*, in: Logistik Heute (2007), Heft 3, S. 36.

Seemann, A. [2007a]: *Der Einsatz von RFID schreitet voran*, in: Logistik für Unternehmen (2007), Heft 1/2, S. 16-17.

Seemann, A. [2007b]: *Automatisierte Kommissionierstapler bringen Effizienz ins Lager*, in: Logistik für Unternehmen (2007), Heft 4/5, S. 38-39.

STILL [2007]: *Hochautomatisiertes Logistikzentrum entsteht in Rotterdam*, in: Logistik für Unternehmen (2007), Heft 11/12, S. 62-63.

topsystem [2007]: *Trinkgenuss sprachgeführt effizienter kommissioniert*, in: Logistik für Unternehmen (2007), Heft 3, S. 50-51.

Vanderlande [2007]: *Fehlerfreie Auftragskommissionierung dank RFID erstmals demonstriert*, in: Logistik für Unternehmen (2007), Heft 1/2, S. 37.

Verstaen, J. [2007a]: *Transparenz mit Tags*, in: Logistik Heute (2007), Heft 3, S. 58-59.

Verstaen, J. [2007b]: *Funk im Boden*, in: Logistik Heute (2007), Heft 7/8, S. 52-53.

Verstaen, J. [2007c]: *Kommissionieren zum Festpreis*, in: Logistik Heute (2007), Heft 1/2, S. 40.

Vogel, G. [2007]: *Pharma-Großhändler wappnet sich für neue Herausforderungen*, in: Logistik für Unternehmen (2007), Heft 1/2, S. 44-47.

Winter, T., Muckenschnabel, S. [2008]: *FTS-Fahrzeuge reagieren aufs Wort – Pick by Voice und automatisierte Sammelfahrzeuge*, in: Das Jahrbuch der Logistik 2008, S. 175-176.

Wöhrle, T. [2007]: *„Wir sind eine Stunde früher fertig"*, in: Logistik für Unternehmen (2007), Heft 10, S. 28-30.

Zetes [2007]: *Handhelds kombinieren Scanner- und Sprachanwendungen*, in: Logistik für Unternehmen (2007), Heft 1/2, S. 54.

Online-Quellen:

ERPA [2008]: *Bestellformular für die Palettenoptimierungssoftware palOPTI®*, Göttingen 2008. URL: http://www.erpa.de/fileadmin/Dateien/palOpti_Dateien/Bestellformular_palOPTI_DE.pdf, Verifizierungsdatum 26.8.2009.

IGZ [2009a]: *SAP Logistics Execution System*, Falkenberg 2009. URL: http://www.sapsce.com/44_sap_les.html, Verifizierungsdatum 1.9.2009.

IGZ [2009b]: *SAP Logistics Execution System – SAP Handling Unit Management*, Falkenberg 2009. URL: http://www.sapsce.com/44_sap_les.html#wechsel32, Verifizierungsdatum 1.9.2009.

IGZ [2009c]: *SAP Logistics Execution System – SAP IT S mobile / SAPConsole*, Falkenberg 2009. URL: http://www.sapsce.com/44_sap_les.html#wechsel456, Verifizierungsdatum 1.9.2009.

IGZ [2009d]: *SAP Logistics Execution System – SAP WM / TRM / SAP Voice-Picking*, Falkenberg 2009. URL: http://www.sapsce.com/44_sap_les.html#wechsel35, Verifizierungsdatum 1.9.2009.

IGZ [2009e]: *SAP Logistics Execution System – SAP Express-Ship-Interface*, Falkenberg 2009. URL: http://www.sapsce.com/44_sap_les.html#wechsel36, Verifizierungsdatum 1.9.2009.

IGZ [2009f]: *SAP Logistics Execution System – SAP Yard Management*, Falkenberg 2009. URL: http://www.sapsce.com/44_sap_les.html#wechsel38, Verifizierungsdatum 1.9.2009.

IGZ [2009g]: *SAP Logistics Execution System – SAP Task and Resource Management: Materialflusssteuerung*, Falkenberg 2009. URL: http://www.sapsce.com/44_sap_les.html#wechsel33, Verifizierungsdatum 1.9.2009.

IGZ [2009h]: *SAP Logistics Execution System – SAP Task and Resource Management: Staplerleitsystem*, Falkenberg 2009. URL: http://www.sapsce.com/44_sap_les.html#wechsel37, Verifizierungsdatum 1.9.2009.

IGZ [2009i]: *SAP Task and Resource Management*, Falkenberg 2009. URL: http://www.sapsce.com/205_sap_trm_.html, Verifizierungsdatum 1.9.2009.

IGZ [2009j]: *SAP Task and Resource Management – SAP TRM Materialflusssteuerung: HRL Hochregallager*, Falkenberg 2009. URL: http://www.sapsce.com/205_sap_trm_.html#wechsel177, Verifizierungsdatum 1.9.2009.

IGZ [2009k]: *SAP Task and Resource Management – SAP TRM Materialflusssteuerung: Förderanlagen*, Falkenberg 2009. URL: http://www.sapsce.com/205_sap_trm_.html#wechsel175, Verifizierungsdatum 1.9.2009.

IGZ [2009l]: *SAP Task and Resource Management – SAP TRM Kommissioniersteuerung: Pick-by/to-Light*, Falkenberg 2009. URL: http://www.sapsce.com/205_sap_trm_.html#wechsel180, Verifizierungsdatum 1.9.2009.

inconso [2009]: *SAP LES – Die Standard-Logistiklösung auf Basis von SAP ERP*, o.O. 2009. URL: http://www.inconso.de/inconso/de/m4_services/m4_m2_sap_beratung/m4_m2_m5_les/LES.php, Verifizierungsdatum 25.8.2009.

Kürten, F. [2007]: *Neue Handhelds mit MCL-Voice*, Mönchengladbach 2007. URL: http://www.redaktionsserver.de/ZETES-GMBH/Produkt-Info_Voice-Terminal/Download/IND_Voice-Terminal_PDF.pdf, Verifizierungsdatum 27.8.2009.

LogistikBilder [2007]: *Pick-by-Light*, o.O. 2007. URL: http://www.logistik-bilder.de/details.php?image_id=1123&sessionid=6e434f11fc37168870423cfc9e83e96e, Verifizierungsdatum 24.09.2009.

LogDic [2006]: *Pick by Voice*, o.O. 2006. URL: http://www.logisticsdictionary.com/Pick-by-Voice.jpg, Verifizierungsdatum 24.09.2009.

LOS [2009]: *Die völlig neue Art der Kommissionierung*, Böblingen 2009. URL: http://www.los-supper.de/de/, Verifizierungsdatum 22.8.2009.

Lunzer + Partner [2007]: *Günstiger Einstieg in die Beleglose Kommissionierung*, Alzenau 2007. URL: http://www.redaktionsserver.de/L+P/Presse-Info_L+P-SW-HW-Bundle/Presse-Info_L+P-SW-HW-Bundle.htm, Verifizierungsdatum 27.8.2009.

MECALUX [2009]: *Zubehör für die Warehouse-Logistik*, o.O. 2009. URL: http://www.logismarket.de/ehrhardt-partner/zubehoer-fuer-die-warehouse-logistik/1279668894-837583627-p.html, Verifizierungsdatum 25.8.2009.

Obrist, A. [2009]: *EPC Gen 2*, o.O. 2009. URL: http://www.rfid-basis.de/epc-gen-2.html, Verifizierungsdatum 20.8.2009.

Planko, T. [2007]: *AMI-Handhabungstechnik verdeckelt bis zu 1.800 Behälter pro Stunde*, Montabaur 2007. URL: http://www.ami-alpenrod.de/http/content.php?ID_NEWS=42&ID_KAT=75, Verifizierungsdatum 25.8.2009.

PresseBox [2007]: *Großprojekt für VAT Logistics Services: Still stattet neues Logistikzentrum in Rotterdam aus*, o.O. 2007. URL: http://www.pressebox.de/pressemeldungen/still-gmbh/boxid-130719.html, Verifizierungsdatum 24.09.2009.

Schmalz [2009]: *Vakuum-Handling rationalisiert Teile-Kommissionierung*, o.O. 2009. URL: http://ch.schmalz.com/imperia/md/content/anwendungen/mh/success-06_mh_004_d_jumbo_general_solar_kollektoren_sg.pdf, Verifizierungsdatum 23.8.3009.

SoftGuide [2008]: *Palettenoptimierung mit palOPTI® jetzt in Version 1.8*, o.O. 2008. URL: http://www.softguide.de/presse/pm/344.htm, Verifizierungsdatum 26.8.2009.

STILL [2006]: *STILL-Materialfluss-Management-Systeme für den Mittelstand*, Hamburg 2006. URL: http://logistics.de/logistik/distribution.nsf/7035013CA9EBBF97C1257212003573C3/$File/lebensmittellogistik_materialfluss_management_mittelstand_still_102006.pdf, Verifizierungsdatum 15.8.2009.

STILL [2009]: *STILL Hybridstapler serienfähig*, Hamburg 2009. URL: http://www.still.de/9964.0.43.html, Verifizierungsdatum 12.8.2009.
ThomasNet [2008]: *Jungheinrich EKX 513-515 Turrent Truck*, o.O. 2008. URL: http://news.thomasnet.com/companystory/553014, Verifizierungsdatum 24.09.2009.

Printed in Poland
by Amazon Fulfillment
Poland Sp. z o.o., Wrocław